BIBLE in Hand 교양인을 위한 성경
신약 | 마가복음서

너희는 나를 누구라고 하느냐?

해제 **권연경**

봄이다
프로젝트

해제 **권연경** | 숭실대학교 기독교학과 교수

서울대학교 영어영문학과를 졸업하고, 풀러신학교(M.Div.)와
예일대학교 신학부(S.T.M.)를 거쳐 런던대학교 킹스칼리지에서
박사학위(Ph.D.)를 받았다. 현재 숭실대학교 기독교학과 교수로 재직하고 있으며,
기독연구원 느헤미야 연구위원을 맡고 있다. 지은 책으로는 〈위선〉(IVP),
〈로마서 산책〉 〈갈라디아서 산책〉(복있는사람),
〈행위 없는 구원?〉 〈네가 읽는 것을 깨닫느뇨?〉(이상 SFC출판부),
〈갈라디아서 어떻게 읽을 것인가〉(성서유니온),
〈로마서 13장 다시 읽기〉(뉴스앤조이) 등이 있으며, 〈일상, 부활을 살다〉(복있는사람),
〈IVP 성경신학사전〉 〈예수의 정치학〉(이상 IVP, 공역),
〈기독교와 문학〉(크리스천다이제스트) 등을 우리말로 옮겼다.

너희는 나를
누구라고 하느냐?

01

이 책에 사용된 한글 번역본은 대한성서공회의 허락을 받아 〈성경전서 새번역〉(2001년)을 사용했습니다.

기독교 성서를 번역, 출판, 반포하는 대한성서공회는 〈성경전서 새번역〉에 대해 "원문의 뜻을 우리말 독자들이 이해할 수 있도록 정확하게 번역하고, 쉬운 현대어로, 우리말 어법에 맞게, 한국교회에서 사용할 수 있도록 번역된 성경"이며, "번역이 명확하지 못했던 본문과 의미 전달이 미흡한 본문은 뜻이 잘 전달되도록 고쳤다. 할 수 있는 대로 번역어투를 없애고, 뜻을 우리말로 표현하려고 노력했다. 그러나 신학적으로 중요한 본문에서는 원문을 그대로 반영하려고 노력했다. 대화문에서는 현대 우리말 존대법을 적용했다"고 밝히고 있습니다.

02

성경 본문 하단은 성경을 읽으면서 생기는 궁금한 내용에 대해 질문과 해제 형식으로 담아냈습니다. 질문은 편집부에서 만들고, 해제는 구약성경은 김근주 교수(기독연구원 느헤미야), 신약성경은 권연경 교수(숭실대 기독교학과)가 맡았습니다.

성경 본문입니다

장을 말합니다 ─────────

절을
말합니다 ─────

약자를 말합니다.
〈성경의 구성〉(7p)을
참고하십시오.

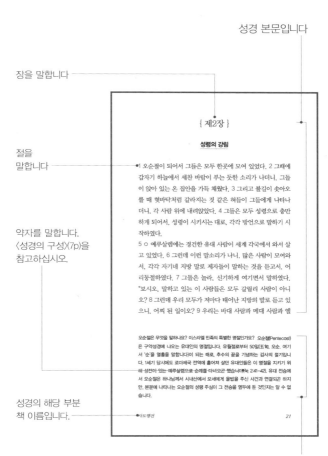

{ 제2장 }

성령의 강림

1 오순절이 되어서 그들은 모두 한곳에 모여 있었다. 2 그때에 갑자기 하늘에서 세찬 바람이 부는 듯한 소리가 나더니, 그들이 앉아 있는 온 집안을 가득 채웠다. 3 그리고 불길이 솟아오를 때 혓바닥처럼 갈라지는 것 같은 혀들이 그들에게 나타나더니, 각 사람 위에 내려앉았다. 4 그들은 모두 성령으로 충만하게 되어서, 성령이 시키시는 대로, 각각 방언으로 말하기 시작하였다.

5 ○ 예루살렘에는 경건한 유대 사람이 세계 각국에서 와서 살고 있었다. 6 그런데 이런 말소리가 나니, 많은 사람이 모여와서, 각각 자기네 지방 말로 제자들이 말하는 것을 듣고서, 어리둥절하였다. 7 그들은 놀라, 신기하게 여기면서 말하였다. "보시오, 말하고 있는 이 사람들은 모두 갈릴리 사람이 아니오? 8 그런데 우리 모두가 저마다 태어난 지방의 말로 듣고 있으니, 어찌 된 일이오? 9 우리는 바대 사람과 메대 사람과 엘

오순절은 무엇을 말하나요? 이스라엘 민족의 특별한 명절인가요? 오순절(Pentecost)은 구약성경에 나오는 유대인의 명절입니다. 유월절로부터 50일(五旬, 오순, 여기서 '순'을 열흘을 말합니다이 되는 때로, 추수의 끝을 기념하는 감사의 절기입니다. 1세기 당시에도 로마제국 전역에 흩어져 살던 유대인들은 이 명절을 지키기 위해 성전이 있는 예루살렘으로 순례를 다녀오곤 했습니다(사도행전 2:41~42). 유대 전승에서 오순절은 하나님께서 시나이산에서 모세에게 율법을 주신 사건과 연결되는 하지만, 본문에 나타나는 오순절의 성령 주심이 그 전승을 염두에 둔 것인지는 알 수 없습니다.

사도행전   21

성경의 해당 부분
책 이름입니다. ─────

질문과 해제입니다

5

성경, 구약 39권 + 신약 27권

성경은 한 권의 책이 아닙니다. 기원전 1천 년 전부터 기원후 2세기에 이르기까지 아주 긴 시간 동안 쓰여진 다양한 책들의 묶음입니다. 성경은 66권의 책으로 구성되어 있습니다. 그 책들은 저자도, 내용도, 형식도, 분량도 모두 다릅니다. 성경은 크게 구약과 신약으로 구분되며, 구약은 39권, 신약은 27권으로 구성되어 있습니다.

또 성경에는 여러 종류의 번역판이 있는데, 이 책은 대한성서공회가 최근에 번역해 출간한 〈성경전서 새번역〉(2001년)을 채택하고 있습니다.

성경의 구성

구약

율법서 { 창세기(창) 출애굽기(출) 레위기(레) 민수기(민) 신명기(신)

역사서 ⎰ 여호수아기(수) 사사기(삿) 룻기(룻) 사무엘기상(삼상)
사무엘기하(삼하) 열왕기상(왕상) 열왕기하(왕하) 역대지상(대상)
역대지하(대하) 에스라기(라) 느헤미야기(느) 에스더기(더)

시가서 { 욥기(욥) 시편(시) 잠언(잠) 전도서(전) 아가(아)

대선지서 ⎰ 이사야서(사) 예레미야서(렘) 예레미야 애가(애) 에스겔서(겔)
다니엘서(단)

소선지서 ⎰ 호세아서(호) 요엘서(욜) 아모스서(암) 오바댜서(옵) 요나서(욘)
미가서(미) 나훔서(나) 하박국서(합) 스바냐서(습) 학개서(학)
스가랴서(슥) 말라기서(말)

신약

복음서 { 마태복음서(마) 마가복음서(막) 누가복음서(눅) 요한복음서(요)

역사서 { 사도행전(행)

바울서신 ⎰ 로마서(롬) 고린도전서(고전) 고린도후서(고후)
갈라디아서(갈) 에베소서(엡) 빌립보서(빌) 골로새서(골)
데살로니가전서(살전) 데살로니가후서(살후)
디모데전서(딤전) 디모데후서(딤후) 디도서(딛) 빌레몬서(몬)

공동서신 ⎰ 히브리서(히) 야고보서(약) 베드로전서(벧전) 베드로후서(벧후)
요한1서(요일) 요한2서(요이) 요한3서(요삼) 유다서(유)

예언서 { 요한계시록(계)

※괄호 안은 각 책을 줄여서 표기할 때 쓰는 약자입니다.

마가복음서

Mark

고난과 죽음을 통해 세상을 구원하는 메시아, 그 속에 담긴 지극한 사랑

예수님과 함께하며 제자들은 놀라고, 감격하고,
당황하고, 갈등하고, 흔들리고, 실패합니다.
이 실패는 예수님마저 부정하는 수준으로 내려갑니다.
그러나 지도자의 박해와 대중적 기대의 압력에
굴복하지 않았던 예수님께서는
제자들의 처참한 실패에도 굴복하지 않으십니다.
오랜 인내와 희생을 감수하며
자신의 제자들을 품에 안는 메시아 예수.
이것이 마가복음서에서 우리가 만나는 예수님의 한 면모입니다.

예수님에 행적에 관한 기본 골격을 제공하는 문서

마가복음서에는 저자의 이름이 나오지 않지만, 교회 전승에 따르면 베드로나 바울 같은 사도들과 함께 일했던 마가 요한이 저자라고 합니다. 그래서 책 제목도 마가복음서가 되었습니다. 복음서의 저작 연대는 정확히 알기 어렵지만, 많은 이들은 기원후 70년 즈음 예루살렘 멸망 전후에 작성되었을 것으로 추정합니다.

마태복음서, 마가복음서, 누가복음서 이 세 권의 복음서는 '공관복음'(共觀福音, Synoptic Gospels)이라 불립니다. 비슷한 관점으로 예수님의 행적을 조망하기 때문입니다. 그중 가장 짧고, 문체도 투박한 마가복음서는 예수님의 행적에 관한 기본적 골격을 제공하는 문서로 여겨지기도 합니다.

마가복음서의 내용은 대부분 좀 더 긴 마태복음서, 그리고 누가복음서와 겹칩니다. 하지만 같은 이야기여도 기록 방식이나 관점은 독특합니다. 세부 묘사들도 상당히 달라, '일점일획'을 고집하는 사람들은 불편한 마음에 대충 넘어가고 싶은 유혹을 받습니다.

하나님의 아들 예수의 이야기

그러나 복음서의 장르는 '사진'이 아닌 '초상화'에 가깝습니다.

마가복음서는 실제 예수님의 행적과 말씀을 전해주지만, 순수한 '역사' 기록은 아닙니다. 굳이 저자가 중요하다 판단한 사건들만을 선택적으로 보도하며, 굳이 역사적 순서를 고수하지도 않습니다. 예수님의 수난 과정에 많은 지면이 할애된 것은 그런 이유입니다. 또 예수님에 대한 회고에는 이미 그분의 죽음과 부활을 경험한 신앙의 눈길이 배어 있습니다.

역사적 엄밀성을 의도한 법정 속기록이 아니라, 비교적 편안한 표현을 활용한 회고담에 가깝습니다. 하나님의 계시 방식은 다양하기 때문입니다. 고흐의 〈자화상〉에서 느끼듯, 초상화에는 작가의 관점이 더 선명하게 드러납니다. 작가의 의도에 따라 세부 사항들을 선택하고 배열하는 붓질이 정해집니다. 마가복음서만의 '남다른' 묘사는 다른 복음서와 달라서 불편한 상대가 아니라, 마가 나름의 관점을 드러내주는 반가운 친구입니다. 따라서 '다름'에 대한 불편함을 잠시 내려놓고, 마가의 내러티브를 세심하게 따라 읽으며, 거기서 드러나는 메시지를 찾으려는 태도가 중요합니다.

"하나님의 아들 예수 그리스도의 복음의 시작은 이러하다."

마가복음서의 이 첫 문장은 책의 서두이면서 책 전체의 요약입니다. 나사렛 예수에 관한 이 기록은 예수 그리스도와 더불어 하나님이 약속하신 구원의 시간이 이르렀다고 증언합니다. 그래서 여기에는 예수님의 중요한 행적들이 일련의 이야기 형태로 다루어져 있습니다. 그러나 생애 전체를 그려낸 통상적 전기가 아니라 예수님께서 공적 무대에서 활동하실 때의 기록입니다. 세례요한의 세례로부터 약 일 년 남짓 갈릴리 부근에서의 활동이 묘사되고(1-10장), 나머지 삼분의 일 정도는 예루살렘 인근에서의 활동과 고난에 할애됩니다.

마가복음서는 실제 예수님의 행적과 말씀을 전해주지만, 순수한 '역사' 기록은 아닙니다. 저자가 중요하다 판단한 사건들만을 선택적으로 보도하며, 굳이 역사적 순서를 고수하지도 않습니다. 예수님의 수난 과정에 많은 지면이 할애된 것은 그런 이유입니다. 또 예수님에 대한 회고에는 이미 그분의 죽음과 부활을 경험한 신앙의 눈길이 배어 있습니다.

그래서 많은 것이 모호했을 실제 청중들의 입장과는 달리, 오늘날 우리 독자들에게는 처음부터 모든 것이 선명한 관점 속에서 제시됩니다. 자연히 예수님에 관한 묘사나 설명에도 당시 상황 속에서 사람들이 이해했을 법한 것보다는 많은 정보가 담겨 있습니다.

긴 서론 뒤에 나오는 십자가를 향해 가는 예수

마가복음서의 절정에서 십자가에 달린 예수님께서는 하나님
으로부터 버림받은 고통으로 절규하십니다. 이 단말마의 비명
아래, '이 사람은 정말로 하나님의 아들이셨구나' 하는 로마군
백인대장의 깨달음이 조용히 흐릅니다. 이 장면이 마가복음서
의 성격을 잘 보여줍니다. 하나님의 아들이지만 또 평범한 인
간이셨던 나사렛 출신의 예수, 그분이 모든 사람을 위한 고난
의 길을 가면서 하나님의 큰 뜻을 이루는 과정, 그리고 그 속
에서 욕망에 휘둘려 예수님을 외면하고 억압하는 사람들과 또
반대로 예수님을 깨닫고 신앙으로 나오는 사람들의 이야기가
엇갈립니다. 군더더기를 최대한 없앤 거친 이야기를 엮어가면
서, 마가는 이 만남의 공간 속으로 독자들을 초대합니다.

마가복음서는 십자가를 향해 가는 예수님의 모습에 초점이 맞
추어져 있습니다. 그래서 '긴 서론을 가진 예수의 수난 이야기'
라 불리기도 합니다. 최대한 해설을 자제한 채, 십자가의 길이
세상의 구원이라는 역설을 있는 그대로 보여줍니다. 그분의
뒤를 따르는 제자도 이야기 역시 중요한 주제입니다. 세속적
승리가 아니라 고난과 죽음의 길을 통해 세상을 구원하는 메
시아의 비밀스러운 행보는 대중들의 기대와 실망이 복잡하게
얽히며 드러납니다.

또 그 역설을 이해하고 따라가는 데 어려움을 겪는 제자들의

모습 역시 적나라합니다. 평범하기 짝이 없는 제자들이 품은 나름의 욕망과 기대, 이 마음 위를 예수님에 대한 경이와 깨달음이 가로지릅니다. 예수님과 함께하며 그들은 놀라고, 감격하고, 당황하고, 갈등하고, 흔들리고, 실패합니다. 이 실패는 예수님마저 부정하는 수준으로 내려갑니다. 그러나 지도자의 박해와 대중적 기대의 압력에 굴복하지 않았던 예수님께서는 제자들의 처참한 실패에도 굴복하지 않으십니다.

오랜 인내와 희생을 감수하며 자신의 제자들을 품에 안는 메시아 예수. 이것이 마가복음서에서 우리가 만나는 예수님의 한 면모입니다.

{ 제1장 }

세례자 요한의 선포(마 3:1-12; 눅 3:1-9, 15-17; 요 1:19-28)

1 하나님의 아들 예수 그리스도의 복음의 시작은 이러하다.
2 ㅇ 예언자 이사야의 글에 기록하기를, "보아라, 내가 내 심부름꾼을 너보다 앞서 보낸다. 그가 네 길을 닦을 것이다." 3 "광야에서 외치는 이의 소리가 있다. '너희는 주님의 길을 예비하고, 그의 길을 곧게 하여라'" 한 것과 같이, 4 세례자 요한이 광야에 나타나서, 죄를 용서받게 하는 회개의 세례를 선포하였다. 5 그래서 온 유대 지방 사람들과 온 예루살렘 주민들이 그에게로 나아가서, 자기들의 죄를 고백하며, 요단강에서 그에게 세례를 받았다. 6 요한은 낙타 털옷을 입고, 허리에 가죽띠를 띠고, 메뚜기와 들꿀을 먹고 살았다. 7 그는 이렇게 선포하였다. "나보다 더 능력이 있는 이가 내 뒤에 오십니다. 나는 몸

요한의 이름 앞에 세례자라는 별칭이 붙어 있습니다(4절). 이 별칭은 무슨 의미를 담고 있나요? 글자 그대로 '세례를 주는 사람'이라는 뜻입니다. 요한은 유대인의 이름인 '요나'를 헬라어 이름으로 바꾼 것으로, 오늘날 영어 문화권의 존(John)처럼 당시 유대 사회에서 매우 흔한 이름이었습니다. 그래서 대개 '세베대의 아들 요한' 처럼 이름 앞에 아버지의 이름을 붙이거나 '가룟 유다'처럼 출신지를 명시함으로써 구체적으로 어떤 요한인지 구별하곤 했습니다. 여기서는 요단강에서 물로 세례를 베풀었던 그의 독특한 행적을 염두에 두어 '세례자'라는 수식을 붙여 구별했습니다. 세례자로서 그의 예언자적 활동은 당시 유대 사회에 상당한 영향을 끼쳤던 것으로 알려져 있습니다.

✝유대 지방 : 예수님 당시에는 로마에 속한 영토였으며, 로마제국은 유대 전 국토를 갈릴리, 사마리아, 유대 등 3도로 나누었다. 유대와 사마리아는 로마가 파견한 총독이, 갈릴리는 헤롯대왕의 아들인 헤롯 안디바(안티파스)가 관할했다.

을 굽혀서 그의 신발 끈을 풀 자격조차 없습니다. 8 나는 여러분에게 물로 세례를 주었지만, 그는 여러분에게 성령으로 세례를 주실 것입니다."

예수께서 세례를 받으시다 (마 3:13-17; 눅 3:21-22)

9 ○ 그 무렵에 예수께서 갈릴리 나사렛으로부터 오셔서, 요단강에서 요한에게 세례를 받으셨다. 10 예수께서 물속에서 막 올라오시는데, 하늘이 갈라지고, 성령이 비둘기같이 자기에게 내려오는 것을 보셨다. 11 그리고 하늘로부터 소리가 났다. "너는 내 사랑하는 아들이다. 내가 너를 좋아한다."

시험을 받으시다 (마 4:1-11; 눅 4:1-13)

12 ○ 그리고 곧 성령이 예수를 광야로 내보내셨다. 13 예수께서 사십 일 동안 광야에 계셨는데, 거기서 사탄에게 시험을 받으셨다. 예수께서 들짐승들과 함께 지내셨는데, 천사들이 그의 시중을 들었다.

요한이 죄를 용서받게 하는 회개의 세례를 주었고, 예수님은 그에게 세례를 받았습니다(9절). 그렇다면 예수님도 회개하셨다는 말인가요? 마가복음서는 세례 자체만 소개할 뿐, 아무런 설명도 붙이지 않습니다. 다른 신약성경의 마태복음서에 따르면 요한은 '내가 오히려 세례를 받아야 할 사람'이라며 세례를 받으려는 예수님을 말리지만, 예수님께서는 자신이 세례를 받는 것이 하나님의 뜻이라 말씀하시며 요한에게 세례를 받으십니다. 신약성경의 다른 부분에서도 예수님은 회개해야 할 이가 아닌 다른 이들의 죄를 사하실 분으로 나타납니다. 예수님께서 세례를 받으신 것은 회개의 세례를 받아야 하는 이스라엘 백성과 자신을 동일시하는 행위로 볼 수 있습니다.

하나님의 나라를 선포하시다(마 4:12-17; 눅 4:14-15)

14 ○ 요한이 잡힌 뒤에, 예수께서 갈릴리에 오셔서, 하나님의 복음을 선포하셨다. 15 "때가 찼다. 하나님의 나라가 가까이 왔다. 회개하여라. 복음을 믿어라."

제자 넷을 부르시다(마 4:18-22; 눅 5:1-11)

16 ○ 예수께서 갈릴리 바닷가를 지나가시다가, 시몬과 그의 동생 안드레가 바다에서 그물을 던지고 있는 것을 보셨다. 그들은 어부였다. 17 예수께서 그들에게 말씀하셨다. "나를 따라오너라. 내가 너희를 사람을 낚는 어부가 되게 하겠다." 18 그들은 곧 그물을 버리고 예수를 따라갔다. 19 예수께서 조금 더 가시다가, 세베대의 아들 야고보와 그의 동생 요한이 배에서 그물을 깁고 있는 것을 보시고, 20 곧바로 그들을 부르셨다. 그들은 아버지 세베대를 일꾼들과 함께 배에 남겨두고, 곧 예수를 따라갔다.

성령은 왜 예수님을 광야로 보냈나요? 천사들이 시중을 들었다면 예수님의 광야 생활은 별로 어렵지 않았던 건가요?(12-13절) 유대인들에게도 광야는 시련의 장소였습니다. 특히 40이라는 숫자와 연결되면 과거에 이스라엘 백성이 이집트에서 나온 후 40년 동안 지냈던 광야 생활, 그리고 그때의 '시험'과 '불순종'이 생생히 떠오릅니다. 그래서 예수님께서 받으신 시험은 과거 이스라엘의 광야 40년을 재현하면서, 그때의 불순종을 예수님 자신의 순종으로 뒤집는다는 의미를 갖습니다. 반면 당시 유대인들에게 천사의 시중은 타락 이전 에덴동산의 모습을 연상하게 만드는 이미지였습니다. 따라서 천사의 시중은 예수님께서 시험당하신 이후의 상황을 회복된 에덴동산의 모습과 연결하는 이미지입니다.

악한 귀신이 들린 사람을 고치시다 (눅 4:31-37)

21 ○ 그들은 가버나움으로 들어갔다. 예수께서 안식일에 곧바로 회당에 들어가서 가르치셨는데, 22 사람들은 그의 가르침에 놀랐다. 예수께서 율법학자들과는 달리 권위 있게 가르치셨기 때문이다. 23 그때에 회당에 악한 귀신 들린 사람이 하나 있었는데, 그가 큰 소리로 이렇게 말하였다. 24 "나사렛 사람 예수님, 왜 우리를 간섭하려 하십니까? 우리를 없애려고 오셨습니까? 나는 당신이 누구인지 압니다. 하나님께서 보내신 거룩한 분입니다." 25 예수께서 그를 꾸짖어 말씀하셨다. "입을 다물고 이 사람에게서 나가라." 26 그러자 악한 귀신은 그에게 경련을 일으켜놓고서 큰 소리를 지르며 떠나갔다. 27 사람들이 모두 놀라서 "이게 어찌된 일이냐? 권위 있는 새로운 가르침이다! 그가 악한 귀신들에게 명하시니, 그들도 복종하는구나!" 하면서 서로 물었다. 28 그리하여 예수의 소문이 곧 갈릴리 주위의 온 지역에 두루 퍼졌다.

하나님 나라를 선포하고, 제자를 부르고, 귀신 들린 사람을 고치고…. 예수님이 하신 일에는 어떤 특별한 의미가 있나요? 하나님 나라가 멀지 않았음을 선포하는 포괄적인 활동 속에는 제자를 만드는 일과 귀신 들린 사람을 고치는 일들이 포함됩니다. 열두 명의 제자는 회복된 이스라엘의 열두 지파를 상징합니다. 이들은 예수님과 함께 현재의 하나님 나라 선포 활동에 동참할 사람들이며, (마가복음서의 범위를 넘어) 예수님의 부활 후 예수님과 하나님 나라 복음을 선포하며 교회를 이끌어갈 사람들이기도 합니다. 귀신 들린 사람을 고치는 것은 개별적인 치유 사건을 넘어, 마귀의 통치가 종식되고 하나님의 선한 통치가 회복된다는 사실을 가시적으로 보여주는 상징입니다. 예수님께서 하신 일이 언급된 순서보다는 천국 선포, 제자 만들기, 치유와 회복 활동이 겹친다는 사실이 중요합니다.

많은 사람을 고치시다(마 8:14-17; 눅 4:38-41)

29 ○ 그들은 회당에서 나와서, 곧바로 야고보와 요한과 함께 시몬과 안드레의 집으로 갔다. 30 마침 시몬의 장모가 열병으로 누워 있었는데, 사람들은 그 사정을 예수께 말씀드렸다. 31 예수께서 그 여자에게 다가가셔서 그 손을 잡아 일으키시니, 열병이 떠나고, 그 여자는 그들의 시중을 들었다.

32 ○ 해가 져서 날이 저물 때에, 사람들이 모든 병자와 귀신 들린 사람을 예수께로 데리고 왔다. 33 그리고 온 동네 사람이 문 앞에 모여들었다. 34 그는 온갖 병에 걸린 사람들을 고쳐주시고, 많은 귀신을 내쫓으셨다. 예수께서는 귀신들이 말하는 것을 허락하지 않으셨다. 그들이 예수가 누구인지를 알았기 때문이다.

전도 여행을 떠나시다(눅 4:42-44)

35 ○ 아주 이른 새벽에, 예수께서 일어나서 외딴곳으로 나가

34절을 보면 귀신들은 예수가 누구인지 알았다고 합니다. 그들은 예수님을 누구로 알고 있었던 건가요? 귀신은 예수님에 대한 남다른 통찰을 과시합니다. 앞의 일화에서는 귀신이 예수님을 "하나님께서 보내신 거룩한 분"(24절)으로 부릅니다. 이는 하나님과 특별한 관계에 있는 존재를 의미하지만, 구체적 명칭은 아닙니다. 마가복음서는 처음부터 "하나님의 아들 예수 그리스도의 복음"(1:1)이라고 말합니다. 다른 곳에서도 귀신들은 예수님을 '하나님의 아들'이라 부릅니다. 여기서도 동일한 의미일 것입니다. 귀신의 이런 행동은 예수님의 정체성을 밝혀 상대를 제압하려는 저항적 움직임일 뿐, 순수한 고백이 아닙니다. 예수님께서는 마귀의 이런 악한 의도, 그리고 때 이른 정체성 노출이라는 위험을 피하기 위해 귀신의 움직임을 제압하십니다.

셔서, 거기에서 기도하고 계셨다. 36 그때에 시몬과 그의 일행이 예수를 찾아 나섰다. 37 그들은 예수를 만나자 "모두 선생님을 찾고 있습니다" 하고 말하였다. 38 예수께서 그들에게 말씀하셨다. "가까운 여러 고을로 가자. 거기에서도 내가 말씀을 선포해야 하겠다. 나는 이 일을 하러 왔다." 39 예수께서 온 갈릴리와 여러 회당을 두루 찾아가셔서 말씀을 전하고, 귀신들을 쫓아내셨다.

나병 환자를 깨끗하게 하시다(마 8:1-4; 눅 5:12-16)

40 ○ 나병 환자 한 사람이 예수께로 와서, 그 앞에 무릎을 꿇고 간청하였다. "선생님께서 하고자 하시면, 나를 깨끗하게 해주실 수 있습니다." 41 예수께서 그를 불쌍히 여기시고, 손을 내밀어 그에게 대시고 말씀하셨다. "그렇게 해주마. 깨끗하게 되어라." 42 곧 나병이 그에게서 떠나고, 그는 깨끗하게 되었다. 43 예수께서 단단히 이르시고, 곧 그를 보내셨다. 44 그때에 예수께서 그에게 말씀하셨다. "아무에게도 아무 말도 하지

나병 환자를 치유하신 예수님은 왜 그에게 아무에게도 말하지 말라고 하신 건가요?(44절) 치유는 신적인 능력을 드러냅니다. 하지만 최종적으로 메시아로서 예수님의 영광은 정치적 승리나 위력의 과시가 아니라 백성의 죄를 대신해 죽음의 고난을 당하는 것으로 드러날 것입니다. 그런데 이렇게 '고난과 죽음을 당하는 메시아'는 당시 정치적으로 나라의 회복을 고대했던 유대인들에게는 생소하면서도 불편한 것이었습니다. 심지어 제자들조차도 그렇게 생각했습니다. 이런 상황에서 예수님에 대한 섣부른 고백이나 소문은 정치적 승리자를 원하는 대중의 메시아에 대한 기대와 잘못 엉킬 수 있고, 이는 예수님의 행보를 더욱 어려운 것으로 만들 수 있습니다. 명확한 답은 없지만, 아마도 이런 염려가 반영된 결과일 것입니다.

말아라. 가서, 제사장에게 네 몸을 보이고, 네가 깨끗하게 된 것에 대하여 모세가 명령한 것을 바쳐서, 사람들에게 증거로 삼도록 하여라." 45 그러나 그는 나가서, 모든 일을 널리 알리고, 그 이야기를 퍼뜨렸다. 그러므로 예수께서는 드러나게 동네로 들어가지 못하시고, 바깥 외딴곳에 머물러계셨다. 그래도 사람들이 사방에서 예수께로 모여들었다.

{ 제2장 }

중풍병 환자를 고치시다(마 9:1-8; 눅 5:17-26)

1 며칠이 지나서, 예수께서 다시 가버나움으로 들어가셨다. 예수가 집에 계신다는 말이 퍼지니, 2 많은 사람이 모여들어서, 마침내 문 앞에조차도 들어설 자리가 없었다. 예수께서 그들에게 말씀을 전하셨다. 3 그때에 한 중풍병 환자를 네 사람이 데리고 왔다. 4 무리 때문에 예수께로 데리고 갈 수 없어서, 예수가 계신 곳 위의 지붕을 걷어내고, 구멍을 뚫어서,

중풍병 환자를 예수님에게 데려가기 위해 사람들은 지붕을 걷어내고 구멍을 뚫습니다(4절). 당시 이스라엘의 가옥은 지붕 재질이나 구조가 이렇게 하기 쉬웠나요? 유대인들은 원래 유목민으로 천막에서 생활하다가 가나안 정착 후 직사각형 모양의 돌이나 진흙 벽돌로 집을 짓고 살았습니다. 진흙 벽돌에는 나뭇잎, 짚, 조개 등을 넣어 단단하게 했고, 지붕은 들보를 얹은 후 나뭇가지와 함께 점토 등을 발라 만들었습니다. 옷이나 곡물을 말리는 공간이 될 정도로 튼튼했지만, 원한다면 비교적 쉽게 뜯어 구멍을 낼 수 있는 구조였습니다. 사람들은 집 벽면에 만들어놓은 계단이나 사다리를 이용해 지붕으로 올라갔습니다.

중풍병 환자가 누워 있는 자리를 달아 내렸다. 5 예수께서는 그들의 믿음을 보시고, 중풍병 환자에게 "이 사람아! 네 죄가 용서받았다" 하고 말씀하셨다. 6 율법학자 몇이 거기에 앉아 있다가, 마음속으로 의아하게 생각하기를 7 '이 사람이 어찌하여 이런 말을 한단 말이냐? 하나님을 모독하는구나. 하나님 한 분밖에, 누가 죄를 용서할 수 있는가?' 하였다. 8 예수께서, 그들이 속으로 이렇게 생각하는 것을 곧바로 마음으로 알아채시고 그들에게 말씀하셨다. "어찌하여 너희는 마음속에 그런 생각을 품고 있느냐? 9 중풍병 환자에게 '네 죄가 용서받았다' 하고 말하는 것과 '일어나서 네 자리를 걷어서 걸어가거라' 하고 말하는 것 가운데서, 어느 쪽이 더 말하기가 쉬우냐? 10 그러나 인자가 땅에서 죄를 용서하는 권세를 가지고 있음을 너희에게 알려주겠다." ―예수께서 중풍병 환자에게 말씀하셨다. 11 "내가 네게 말한다. 일어나서, 네 자리를 걷어서 집으로 가거라." 12 그러자 중풍병 환자가 일어나, 곧바로 모든 사람이 보는 앞에서 자리를 걷어서 나갔다. 사람들은 모두 크게 놀라서 하나님을 찬양하고 "우리는 이런 일을 전혀 본 적이 없다" 하고 말하였다.

율법학자들은 왜 예수님을 따라다니며 예수님이 하는 말에 이의를 제기했나요? 당시 유대인들은 오래전부터 과거의 율법을 현재 삶에 적용할 수 있도록 율법을 새롭게 해석해왔습니다. 권위 있는 랍비들의 이런 해석들이 축적되어 '장로들의 전통'(7:3)이 되었습니다. 율법학자들은 이런 율법과 전통의 전문가로, 백성이 전통을 잘 지키도록 돕는 사람들입니다. 물론 전통이 특정 형식으로 고착되면서 오히려 참된 경건을 방해하는 부작용도 많았습니다. 실제로 예수님이나 제자들의 파격적인 행동은 당시 장로들의 전통에 어긋나곤 했습니다. 율법의 수호자를 자처했던 율법학자들은 이를 율법을 어기는 행위로 간주했고, 거기엔 정치적 계산이나 다른 이유도 있었을 것입니다.

레위를 부르시다 (마 9:9-13; 눅 5:27-32)

13 ○ 예수께서 다시 바닷가로 나가셨다. 무리가 모두 예수께로 나아오니, 그가 그들을 가르치셨다. 14 예수께서 길을 가시다가, 알패오의 아들 레위가 세관에 앉아 있는 것을 보시고 말씀하셨다. "나를 따라오너라." 레위는 일어나서, 예수를 따라갔다.

15 ○ 예수께서 그의 집에서 음식을 잡수시는데, 많은 세리와 죄인들도 예수와 그의 제자들과 한자리에 있었다. 이런 사람들이 많이 있었는데 그들이 예수를 따라왔던 것이다. 16 바리새파의 율법학자들이, 예수가 죄인들과 세리들과 함께 음식을 잡수시는 것을 보고, 예수의 제자들에게 말하였다. "저 사람은 세리들과 죄인들과 어울려서 음식을 먹습니까?" 17 예수께서 그 말을 들으시고 그들에게 말씀하셨다. "건강한 사람에게는 의사가 필요하지 않으나, 병든 사람에게는 필요하다. 나는 의인을 부르러 온 것이 아니라 죄인을 부르러 왔다."

예수님이 직설법보다 비유를 택해 이야기한 이유가 있나요? 비유의 기능은 이중적입니다. 우선 익숙한 것들과 비교하면서 낯선 내용을 선명하게 만들어줍니다. 반면 비유적이고 우회적 설명이어서 외부인에게는 오히려 수수께끼가 될 수 있습니다. 예수님의 비유에도 이 두 가지 기능이 혼재된 것처럼 보입니다. 19-20절에 나오는 혼인잔치 비유처럼 천국 복음의 선포가 가져올 특이한 상황을 익숙한 그림의 비유로 조명할 수 있습니다. 반면 4장의 씨 뿌리는 사람 비유처럼, 의도적으로 모호한 비유를 구사하면서 그것을 알 수 있는 내부인과 감을 잡을 수 없는 외부인 사이에 경계로 둘 수 있습니다. 그러니까 애매한 태도를 취하는 이들의 위상을 적나라하게 드러냄으로써 보다 과감한 헌신을 촉구할 수도 있었던 것입니다.

금식 논쟁(마 9:14-17; 눅 5:33-39)

18 ○ 요한의 제자들과 바리새파 사람들은 금식하고 있었다. 사람들이 예수께 와서 물었다. "요한의 제자들과 바리새파 사람의 제자들은 금식하는데, 왜 선생님의 제자들은 금식하지 않습니까?" 19 예수께서 그들에게 말씀하셨다. "혼인 잔치에 온 손님들이, 신랑과 함께 있는 동안에 금식할 수 있느냐? 신랑을 자기들 곁에 두고 있는 동안에는 금식할 수 없다. 20 그러나 신랑을 빼앗길 날이 올 터인데, 그날에는 그들이 금식할 것이다."

21 ○ "생베 조각을 낡은 옷에 대고 깁는 사람은 없다. 그렇게 하면 새로 댄 조각이 낡은 데를 당겨서, 더욱더 심하게 찢어진다. 22 또, 새 포도주를 낡은 가죽부대에 담는 사람은 없다. 그렇게 하면 포도주가 가죽부대를 터뜨려서, 포도주도 가죽부대도 다 버리게 된다. 새 포도주는 새 가죽부대에 담아야 한다."

안식일에 밀 이삭을 자르다(마 12:1-8; 눅 6:1-5)

23 ○ 안식일에 예수께서 밀밭 사이로 지나가시게 되었다. 제

"다윗이 어떻게 하였는지를 너희는 읽지 못하였느냐?"(25절) 예수님은 이렇게 말했습니다. 그때도 지금처럼 누구나 쉽게 읽을 수 있을 만큼 책이나 문서가 흔했나요? 개인이 책의 형태로 성경을 소지한 것은 아니지만, 회당 예배의 핵심 순서 중 하나는 성경 낭독이었습니다. 따라서 어릴 때부터 회당과 가정에서 하나님을 예배했던 유대인들에게 성경 이야기는 상식이나 마찬가지였습니다. 문자 의존도가 낮았던 만큼, 입으로 말씀을 전하는 일이 지금보다 훨씬 더 활발했고, 또 상당히 효과적이었습니다. 신약성경의 저자들은 비유대인 신자들에게 글을 쓸 때도 상당한 성경 지식을 전제로 합니다. 율법에 열심이었던 청중들과의 대화였다면 더 말할 나위도 없었겠지요.

자들이 길을 내면서, 밀 이삭을 자르기 시작하였다. 24 바리 새파 사람이 예수께 말하였다. "보십시오, 어찌하여 이 사람들은 안식일에 해서는 안 되는 일을 합니까?" 25 예수께서 그들에게 말씀하셨다. "다윗과 그 일행이 먹을 것이 없어서 굶주릴 때에, 다윗이 어떻게 하였는지를 너희는 읽지 못하였느냐? 26 아비아달 대제사장 때에, 다윗이 하나님의 집에 들어가서, 제사장들밖에는 먹어서는 안 되는 제단 빵을 먹고, 그 일행에게도 주지 않았느냐?" 27 그리고 예수께서는 그들에게 말씀하셨다. "안식일이 사람을 위하여 생긴 것이지, 사람이 안식일을 위하여 생긴 것이 아니다. 28 그러므로 인자는 또한 안식일에도 주인이다."

{ 제3장 }

안식일에 손이 오그라든 사람을 고치시다(마 12:9-14; 눅 6:6-11)

1 예수께서 다시 회당에 들어가셨다. 그런데 거기에 한쪽 손이 오그라든 사람이 있었다. 2 사람들은 예수를 고발하려고, 예수가 안식일에 그 사람을 고쳐주시는지를 보려고, 예수를 지켜보고 있었다. 3 예수께서 손이 오그라든 사람에게 말씀하셨다. "일어나서 가운데로 나오너라." 4 그리고 예수께서 그들에게 말씀하셨다. "안식일에 선한 일을 하는 것이 옳으냐? 악한 일을 하는 것이 옳으냐? 목숨을 구하는 것이 옳으냐? 죽이는 것이 옳으냐?" 그들은 잠잠하였다. 5 예수께서 노하셔서, 그들을 둘러보시고, 그들의 마음이 굳어진 것을 탄식하시면서, 손이 오그라든 사람에게 말씀하셨다. "손을 내밀어라." 그 사람이 손을 내미니, 그의 손이 회복되었다. 6 그러자 바리새파 사람들은 바깥으로 나가서, 곧바로 헤롯 당원들과 함께 예수를 없앨 모의를 하였다.

안식일에는 사람을 치료해서는 안 된다는 법이 있었나요? 아픈 사람을 고쳐주는 것은 좋은 일인데, 왜 바리새파 사람들은 이를 문제 삼았나요?(2, 6절) 유대인에게 안식일 규정의 핵심은 일을 멈추는 것입니다. 그래서 구체적으로 무엇이 노동에 해당하는지 규정하는 것이 중요했습니다. 먼 거리를 걷는 것도 일이었고, 밀 이삭을 손으로 비벼 먹는 행위도 일종의 추수 행위였습니다. 같은 취지로, 생명이 위중하지 않는 사람의 치유 역시 일로 여겼습니다. 200년경에 편집된 랍비 문헌인 미쉬나(Mishnah)에는 "뒤틀린 몸이나 부러진 손발을 바로 펴는 일은 허용되지 않는다"는 규정이 나오는데, 이는 예수님 당시에도 마찬가지였을 것입니다. 예수님의 입장은 안식일 규정이 생명을 살리는 선행을 막는 이유가 될 수 없다는 것입니다.

많은 사람이 모여들다

7 ○ 예수께서 제자들과 함께 바닷가로 물러가시니, 갈릴리에서 많은 사람이 따라왔다. 또한 유대와 8 예루살렘과 이두매와 요단강 건너편과 그리고 두로와 시돈 근처에서도, 많은 사람이 그가 하신 모든 일을 소문으로 듣고, 그에게로 몰려왔다. 9 예수께서는 무리가 자기에게 밀려드는 혼잡을 피하시려고, 제자들에게 분부하여 작은 배 한 척을 마련하게 하셨다. 10 그가 많은 사람을 고쳐주셨으므로, 온갖 병으로 고통받는 사람들이, 누구나 그에게 손을 대려고 밀려들었기 때문이다. 11 또 악한 귀신들은 예수를 보기만 하면, 그 앞에 엎드려서 외쳤다. "당신은 하나님의 아들입니다." 12 그러면 예수께서는 "나를 세상에 드러내지 말아라" 하고, 그들을 엄하게 꾸짖으셨다.

열두 제자를 뽑으시다 (마 10:1-4; 눅 6:12-16)

13 ○ 예수께서 산에 올라가서서, 원하시는 사람들을 부르시

예수님에겐 미래를 내다볼 능력이 없었나요? 자신을 배신할 유다를 제자로 삼은 걸 보면요. 역설적입니다. 예수님과 함께하며 하나님 나라의 활동을 공유할 최측근 중 한 사람이 예수님을 지도자들에게 '넘겨준' 사람입니다. 동시에 유다는 예수님의 처형을 이끌어내는 구체적 계기를 만들고, 많은 사람을 위한 예수님의 대속적 죽음(10:45)이 실제 사건으로 발생하도록 돕습니다. 분명 자신이 책임져야 할 반역이지만, 동시에 이 반역은 더욱 큰 그림 속에서 하나님의 뜻을 이루는 과정의 일부가 됩니다(14:21). 이 부분의 복음서는 예수님의 예지력을 전제하고 있지 않습니다. 나중에 예수님께서는 유다의 배신을 예감하시지만(14:17-20), 선택의 시점부터 배신을 생각하셨다는 흔적은 없습니다. 물론 예수님께서는 남다른 통찰을 보이시지만, 자신의 욕망이나 무지와 싸우며 하늘 아버지의 뜻에 순종하는 한 사람이기도 합니다.

니, 그들이 예수께로 나아왔다. 14 예수께서 열둘을 세우시고 [그들을 또한 사도라고 이름하셨다.] 이것은, 예수께서 그들을 자기와 함께 있게 하시고, 또 그들을 내보내어서 말씀을 전파하게 하시며, 15 귀신을 쫓아내는 권능을 가지게 하시려는 것이었다. 16 [예수께서 열둘을 임명하셨는데,] 그들은, 베드로라는 이름을 덧붙여주신 시몬과, 17 '천둥의 아들'을 뜻하는 보아너게라는 이름을 덧붙여주신 세베대의 아들들인 야고보와, 그의 동생 요한과, 18 안드레와 빌립과 바돌로매와 마태와 도마와 알패오의 아들 야고보와 다대오와 열혈당원 시몬과, 19 예수를 넘겨준 가룟 유다이다.

예수와 바알세불(마 12:22-32; 눅 11:14-23; 12:10)

20 ○ 예수께서 집에 들어가시니, 무리가 다시 모여들어서, 예수의 일행은 음식을 먹을 겨를도 없었다. 21 예수의 가족들이, 예수가 미쳤다는 소문을 듣고서, 그를 붙잡으러 나섰다. 22 예루살렘에서 내려온 율법학자들은, 예수가 바알세불

미쳤다, 귀신 들렸다…. 이런 소문이 있었던 걸 보면 예수님에 대한 말들이 많았나 봅니다. 왜 그런 말들이 돌았던 걸까요? 사회는 개인의 삶을 통제하는 일종의 권력 체계입니다. 그래서 자신에 대한 일체의 위협을 '비정상'으로 규정해 억압합니다. 사회를 건강하게 유지하는 기제이기도 하지만, 부당한 억압의 장치이기도 합니다. 당시 예수님께서 전한 하나님 나라 메시지는 기존의 종교적 정치적 지형을 흔드는 '사회 해체적' 메시지였고, 이것은 보수 기득권과 그 체제에 순응한 대중에게 위협으로 다가갑니다. 다른 복음서를 보면 세례 요한의 금욕적 엄격함에 대해서도 '미쳤다'는 반응이 나옵니다. 예수님을 견제했던 세력들은 하나님의 성령으로 귀신을 쫓아내는 예수님의 행위조차 사탄의 세력에 기댄 것이라 비난했습니다. 그것은 다가오는 하나님의 통치에 저항하려는 거대한 움직임의 한 표현입니다.

이 들렸다고 하고, 또 그가 귀신의 두목의 힘을 빌어서 귀신을 쫓아낸다고도 하였다. 23 그래서 예수께서 그들을 불러놓고, 비유로 그들에게 말씀하셨다. "사탄이 어떻게 사탄을 쫓아낼 수 있느냐? 24 한 나라가 갈라져서 서로 싸우면, 그 나라는 버틸 수 없다. 25 또 한 가정이 갈라져서 싸우면, 그 가정은 버티지 못할 것이다. 26 사탄이 스스로에게 반란을 일으켜서 갈라지면, 버틸 수 없고, 끝장이 난다. 27 먼저 힘센 사람을 묶어놓지 않고서는, 아무도 그 사람의 집에 들어가서 세간을 털어갈 수 없다. 묶어놓은 뒤에야, 그 집을 털어갈 것이다.

28 ○ 내가 진정으로 너희에게 말한다. 사람들이 짓는 모든 죄와 그들이 하는 어떤 비방도 용서를 받을 것이다. 29 그러나 성령을 모독하는 사람은 용서를 받지 못하고, 영원한 죄에 매인다." 30 예수께서 이 말씀을 하신 것은, 사람들이 "그는 악한 귀신이 들렸다" 하고 말하였기 때문이다.

귀신 들렸다는 것은 어떤 상태를 말하는 건가요? 문자적으로는 '더러운 영(들)에 붙들린' 혹은 '더러운 영을 가진' 상태입니다. "귀신(다이모니아, 영어의 Demon)을 쫓아낸다"(3:22)는 표현도 나옵니다. '더러운 영'이 곧 귀신인 셈입니다. 귀신 들렸다는 것이 어떤 상태인지 정확히 말하기는 어렵습니다만, 복음서는 귀신이 사람의 몸 안으로 들어가 그 사람을 지배하는 것으로 설명합니다. 그래서 예수님 역시 귀신 들린 사람이 아닌 그 사람을 사로잡은 귀신과 대화하고 귀신에게 나오라고 명령하십니다. 정신 및 특정한 신체 질환과 겹치는 부분도 있겠지만, 복음서는 하나님의 영 대신 더러운 영의 지배를 받는다는 영적인 의미에 더 초점을 맞추어 묘사합니다. 마태복음서, 마가복음서, 누가복음서와는 달리, 요한복음서에는 귀신을 쫓아내는 이야기가 전혀 나오지 않는다는 사실은 흥미롭습니다.

예수의 어머니와 형제 자매들(마 12:46-50; 눅 8:19-21)

31 ○ 그때에 예수의 어머니와 동생들이 찾아와, 바깥에 서서, 사람을 들여보내어 예수를 불렀다. 32 무리가 예수의 주위에 둘러앉아 있다가, 그에게 말하였다. "보십시오, 선생님의 어머니와 동생들과 누이들이 바깥에서 선생님을 찾고 있습니다." 33 예수께서 그들에게 대답하셨다. "누가 내 어머니이며, 내 형제들이냐?" 34 그리고 주위에 둘러앉은 사람들을 둘러보시고 말씀하셨다. "보아라, 내 어머니와 내 형제자매들이다. 35 누구든지 하나님의 뜻을 행하는 사람이 곧 내 형제요 자매요 어머니다."

자신을 찾아온 어머니와 동생들에게 예수님이 했던 말(33-35절)은 다소 매정하게 들립니다. 왜 그렇게 말씀하신 건가요? 본문은 가족들이 예수님을 찾는 상황을 활용해 영적 가족의 의미, 곧 하나님의 뜻대로 실천하며 사는 사람들이 예수님과 한 가족이라는 사실을 가르칩니다. 예수님께서 가족들에게 냉정하게 대했다는 생각은 (사실과 다를 수 있는) 독자의 추론일 뿐입니다. 물론 예수가 미쳤다는 소문이 돌았고, 그 때문에 가족이나 친척 등 주변 사람들이 예수님을 잡으려 한 것일 수 있습니다(21절). 예수님께서는 자신이 귀신 들렸다는 주장에 대해서는 성령을 모독하는 것이라 규정하며 매우 날카롭게 대응하십니다. 만약 자신의 친인척들이 그 소문에 동의했다면, 새로운 가족 이야기는 그와 같은 위험한 오해로부터 거리를 두려는 움직임으로도 이해할 수 있습니다.

{ 제4장 }

씨 뿌리는 사람 비유(마 13:1–9; 눅 8:4–8)

1 예수께서 다시 바닷가에서 가르치기 시작하셨다. 매우 큰
무리가 모여드니, 예수께서는 배에 오르셔서, 바다 쪽에 앉
으셨다. 무리는 모두 바닷가 뭍에 있었다. 2 예수께서 비유로
여러 가지를 가르치셨는데, 가르치시면서 그들에게 이렇게
말씀하셨다. 3 "잘 들어라. 씨를 뿌리는 사람이 씨를 뿌리러
나갔다. 4 그가 씨를 뿌리는데, 더러는 길가에 떨어지니, 새
들이 와서 그것을 쪼아 먹었다. 5 또 더러는 흙이 많지 않은
돌짝밭에 떨어지니, 흙이 깊지 않으므로 싹은 곧 나왔지만,
6 해가 뜨자 타버리고, 뿌리가 없어서 말라버렸다. 7 또 더러
는 가시덤불 속에 떨어지니, 가시덤불이 자라 그 기운을 막
아버려서, 열매를 맺지 못하였다. 8 그런데 더러는 좋은 땅에
떨어져서, 싹이 나고, 자라서, 열매를 맺었다. 그리하여 삼십
배, 육십 배, 백 배가 되었다." 9 예수께서 덧붙여서 말씀하셨

"들을 귀가 있는 사람은 들어라"(9절). 이 말은 대체 무슨 뜻인가요? 잘 들으라는
의미의 숙어입니다. 물리적 의미에서가 아니라 지금 하시는 비유의 속뜻을 제대로
깨달아야 한다는 뜻입니다. 가령 씨가 뿌려지는 네 가지 땅에 관한 비유는 제자들에
게는 선명하게 해명되지만, '저 바깥 사람들'에게는 수수께끼로 남습니다. 어떤 면에
서 예수님의 비유는 속내를 감추는 행위지만, 그것 역시 등불을 등경 위에 두는 것
과 같은 행동입니다(21–23절). 그러니까 더욱 확실하게 드러내기 위한 역설적 움직
임의 일부인 것입니다. 이런 맥락에서 잘 들으라는 권고는 결국 그 비유를 잘 듣고
이해할 수 있는 자리로 나오라는 초청이기도 합니다. 뒤이어 나오는 24절의 권고도
결국 같은 의미입니다.

다. "들을 귀가 있는 사람은 들어라."

비유로 말씀하신 목적(마 13:10-17; 눅 8:9-10)

10 ○ 예수께서 혼자 계실 때에, 예수의 주위에 둘러 있는 사람들이, 열두 제자와 함께, 그 비유들이 무슨 뜻인지를 예수께 물었다. 11 예수께서 그들에게 말씀하셨다. "너희에게는 하나님 나라의 비밀을 맡겨주셨다. 그러나 저 바깥 사람들에게는 모든 것이 수수께끼로 들린다. 12 그것은 '그들이 보기는 보아도 알지 못하고, 듣기는 들어도 깨닫지 못하게 하셔서, 그들이 돌아와서 용서를 받지 못하게 하시려는' 것이다."

씨 뿌리는 사람 비유의 설명(마 13:18-23; 눅 8:11-15)

13 ○ 그리고 예수께서 그들에게 말씀하셨다. "너희가 이 비유를 알아듣지 못하면서, 어떻게 모든 비유를 이해하겠느냐? 14 씨를 뿌리는 사람은 말씀을 뿌리는 것이다. 15 길가에 뿌려지는 것들이란 이런 사람들이다. 그들에게 말씀이 뿌려질 때

11절에서 예수님이 말하는 '저 바깥 사람들'은 누구를 말하는 것인가요? 바로 앞에 나오는 3장 31-35절을 봅시다. 하나님의 뜻대로 살아가는 이는 예수님의 곁에 있는 반면, 혈통적으로는 예수님과 가깝지만 예수님에 대해 위험한 오해를 공유하는 이들은 '바깥'에 있는 것으로 묘사됩니다. 공간이 상징적 의미를 드러내고 있는 것입니다. 그런 점에서 '저 바깥 사람들'이란 예수님의 말씀을 받아들이고 그분을 따르는 제자들 무리 바깥의 사람들, 즉 예수님의 선포를 거부하며 그분을 따르지 않는 사람들을 가리키는 것으로 보입니다. 앞의 문맥에서 보면, 예수님을 잡으려 했던 혈육(3:21, 31)이나 그분과 대립 관계에 있던 유대 종교 지도자들을 가리킨다고 할 수 있습니다.

에 그들이 말씀을 듣기는 하지만, 곧바로 사탄이 와서, 그들에게 뿌려진 그 말씀을 빼앗아간다. 16 돌짝밭에 뿌려지는 것들이란 이런 사람들이다. 그들은 말씀을 들으면 곧 기쁘게 받아들이기는 하지만, 17 그들 속에 뿌리가 없어서 오래가지 못하고, 그 말씀 때문에 환난이나 박해가 일어나면 곧 걸려 넘어진다. 18 가시덤불 속에 뿌려지는 것들이란 달리 이런 사람들을 가리키는데, 그들은 말씀을 듣기는 하지만, 19 세상의 염려와 재물의 유혹과 그 밖에 다른 일의 욕심이 들어와 말씀을 막아서 열매를 맺지 못한다. 20 좋은 땅에 뿌려지는 것들이란 이런 사람들이다. 그들은 말씀을 듣고 받아들여서, 삼십 배, 육십 배, 백 배의 열매를 맺는다."

등불은 등경 위에(눅 8:16-18)

21 ○ 예수께서 그들에게 말씀하셨다. "사람이 등불을 가져다가 말 아래에나, 침상 아래에 두겠느냐? 등경 위에다가 두지 않겠느냐? 22 숨겨둔 것은 드러나고, 감추어둔 것은 나타나기

"가지지 못한 사람은 그 가진 것마저 빼앗길 것"(25절)이라는 예수님의 말씀은 무슨 뜻인가요? 요즘의 '빈익빈'을 이야기하는 건가요? 물질적 소유에 관한 말씀이 아니라, 깨달음의 여정에 관한 말씀입니다. 공부할 때 우리가 경험하는 것처럼, 기본적인 이해가 갖추어진 사람은 그다음 지식을 습득하는 것이 그만큼 수월합니다. 반면 기초가 없는 사람은 그 위에 다른 지식을 쌓는 것이 불가능하지요. 하나님 나라에 대한 이해도 마찬가지입니다. 실제로 예수님을 따르면서 그분의 가르침을 이해하기 시작한 사람에게는 더 많은 깨달음이 주어질 것입니다. 하지만 제대로 된 제자의 모습을 보이지 못하는 사람은 겨우 얻었던 깨달음마저 잃어버리는 결과가 되고 말 것입니다. 앞에 나온 씨 뿌리는 비유와 연결되는 말씀입니다.

마련이다. 23 들을 귀가 있는 사람은 들어라."

24 ○ 예수께서 그들에게 말씀하셨다. "너희는 새겨들어라. 너희가 되질하여주는 만큼 너희에게 되질하여주실 것이요, 덤으로 더 주실 것이다. 25 가진 사람은 더 받을 것이요, 가지지 못한 사람은 그 가진 것마저 빼앗길 것이다."

스스로 자라는 씨 비유

26 ○ 예수께서 또 말씀하셨다. "하나님 나라는 이렇게 비유할 수 있다. 어떤 사람이 땅에 씨를 뿌려놓고, 27 밤낮 자고 일어나고 하는 사이에 그 씨에서 싹이 나고 자라지만, 그 사람은 어떻게 그렇게 되는지를 알지 못한다. 28 땅이 저절로 열매를 맺게 하는데, 처음에는 싹을 내고, 그다음에는 이삭을 내고, 또 그다음에는 이삭에 알찬 낟알을 낸다. 29 열매가 익으면, 곧 낫을 댄다. 추수 때가 왔기 때문이다."

예수님은 비유로 먼저 말하고 그다음에 제자들에게는 따로 그 비유를 풀어서 설명하곤 했습니다. 그렇게 한 예수님의 의도는 무엇인가요? 제자들의 경우에도 예수님의 말씀을 쉽게 깨달을 수 있는 것은 아니었습니다. 하지만 그들은 예수님의 부름에 응답한 사람들이며, 그래서 실제 예수님과 함께 있으면서 그분의 뒤를 따르기로 결단한 사람들입니다. 이런 사람들에게는 말씀에 대한 상세한 설명이 주어집니다. 물론 이 설명은 예수님의 제자로서 그들이 실제 경험하는 삶의 의미를 보다 선명하게 깨닫게 해줍니다. 헌신을 위한 결단과 더 깊은 깨달음이 서로 꼬리를 물며 더 깊어지는 것입니다. 안에 있으면서 예수님에 대한 믿음을 가진 사람에게는 더 많은 것이 주어지고, 밖에 머물면서 제대로 된 이해를 갖지 못한 사람은 그나마 가졌던 것마저 잃고 말 것입니다.

겨자씨 비유 (마 13:31–32; 눅 13:18–19)

30 ○ 예수께서 또 말씀하셨다. "우리가 하나님의 나라를 어떻게 비길까? 또는 무슨 비유로 그것을 나타낼까? 31 겨자씨와 같으니, 그것은 땅에 심을 때에는 세상에 있는 어떤 씨보다도 더 작다. 32 그러나 심고 나면 자라서, 어떤 풀보다 더 큰 가지들을 뻗어, 공중의 새들이 그 그늘에 깃들일 수 있게 된다."

비유로 가르치시다 (마 13:34–35)

33 ○ 예수께서는, 그들이 알아들을 수 있는 정도로, 이와 같이 많은 비유로 말씀을 전하셨다. 34 비유가 아니면 말씀하지 않으셨으나, 제자들에게는 따로 모든 것을 설명해주셨다.

풍랑을 잔잔하게 하시다 (마 8:23–27; 눅 8:22–25)

35 ○ 그날 저녁이 되었을 때에, 예수께서 제자들에게 말씀하

예수님은 말씀 한마디로 바다의 풍랑까지 잔잔하게 합니다. 그분에게는 자연까지도 지배하는 능력이 있었나요? 이것이 본문의 핵심 관심사입니다. 마지막 제자들이 두려워하며 놀라는 반응에서 보듯, 예수님의 행동은 "저 사람이 도대체 어떤 사람이기에…" 하는 물음, 곧 예수님의 정체성에 관한 물음으로 이어집니다. 귀신을 쫓아내고, 병자를 치유하고, 심지어 바다의 풍랑까지 잔잔하게 하면서, 예수님께서는 자신이 하나님의 능력과 권위를 가진 존재임을 드러내십니다. 곧 하나님의 아들로서의 모습입니다. 하지만 예수님에게 주어진 이 신적 권위와 능력은 결국 많은 사람들을 위해 자기 목숨을 대속물로 내어주는 희생으로 모아질 것입니다. 그것은 많은 사람들, 심지어 제자들조차 이해하지 못했던 비밀입니다.

셨다. "바다 저쪽으로 건너가자." 36 그래서 그들은 무리를 남겨두고, 예수를 배에 계신 그대로 모시고 갔는데, 다른 배들도 함께 따라갔다. 37 그런데 거센 바람이 일어나서, 파도가 배 안으로 덮쳐 들어오므로, 물이 배에 벌써 가득 찼다. 38 예수께서는 고물에서 베개를 베고 주무시고 계셨다. 제자들이 예수를 깨우며 말하였다. "선생님, 우리가 죽게 되었는데도, 아무렇지도 않으십니까?" 39 예수께서 일어나 바람을 꾸짖으시고, 바다더러 "고요하고, 잠잠하여라" 하고 말씀하시니, 바람이 그치고, 아주 고요해졌다. 40 예수께서 그들에게 말씀하셨다. "왜들 무서워하느냐? 아직도 믿음이 없느냐?" 41 그들은 큰 두려움에 사로잡혀서 서로 말하였다. "이분이 누구이기에, 바람과 바다까지도 그에게 복종하는가?"

{ 제5장 }

귀신 들린 사람들을 고치시다(마 8:28-34; 눅 8:26-39)

1 그들은 바다 건너편 거라사 사람들의 지역으로 갔다. 2 예수
께서 배에서 내리시니, 곧 악한 귀신 들린 사람 하나가 무덤
사이에서 나와서, 예수와 만났다. 3 그는 무덤 사이에서 사는
데, 이제는 아무도 그를 쇠사슬로도 묶어둘 수 없었다. 4 여러
번 쇠고랑과 쇠사슬로 묶어두었으나, 그는 쇠사슬도 끊고 쇠
고랑도 부수었다. 아무도 그를 휘어잡을 수 없었다. 5 그는 밤
낮 무덤 사이나 산속에서 살면서, 소리를 질러대고, 돌로 제
몸에 상처를 내곤 하였다. 6 그가 멀리서 예수를 보고, 달려
와 엎드려서 7 큰 소리로 외쳤다. "더없이 높으신 하나님의 아
들 예수님, 나와 무슨 상관이 있습니까? 하나님을 두고 애원
합니다. 제발 나를 괴롭히지 마십시오." 8 그것은 예수께서 이
미 그에게 "악한 귀신아, 그 사람에게서 나가라" 하고 명하셨
기 때문이다. 9 예수께서 그에게 물으셨다. "네 이름이 무엇이

귀신은 예수님의 존재를 어떻게 알아본 것인가요?(7절) 그는 더러운 영에 사로잡
힌 사람입니다. 무덤 사이에 머물렀다는 사실도 그가 죽음의 세력에 사로잡혔다는
것을 상징적으로 드러냅니다. 더러운 영 또한 초월적 존재이기에 예수님의 초월적
정체성을 바로 알아챕니다. 당연히 귀신으로서는 하나님의 통치를 구현하려는 예
수님의 존재가 달가울 리 없습니다. 당시의 문화에서 '더없이 높으신 하나님의 아
들'이라는 외침은 고백이 아니라 상대의 신분을 밝혀 기선을 제압하려는 공격입니
다. 하나님의 이름을 빙자하고, 더러운 영으로부터 사람을 살려내는 일이 마치 다
른 이를 괴롭히는 일인 양 상황을 호도합니다. 그래서 자신이 죄라는 사실을 숨기
는 죄의 속성이 교묘하게 드러납니다.

나?" 그가 대답하였다. "군대입니다. 우리의 수가 많기 때문에 붙여진 이름입니다." 10 그러고는, 자기들을 그 지역에서 내쫓지 말아 달라고 예수께 간청하였다.

11 ○ 마침 그곳 산기슭에 놓아기르는 큰 돼지 떼가 있었다. 12 귀신들이 예수께 간청하였다. "우리를 돼지들에게로 보내셔서, 그것들 속으로 들어가게 해주십시오." 13 예수께서 허락하시니, 악한 귀신들이 나와서, 돼지들 속으로 들어갔다. 거의 이천 마리나 되는 돼지 떼가 바다 쪽으로 비탈을 내리달아, 바다에 빠져 죽었다. 14 돼지를 치던 사람들이 달아나 읍내와 시골에 이 일을 알렸다. 사람들은 일어난 일이 무엇인지 보러 왔다. 15 그들은 예수에게 와서, 귀신 들린 사람 곧 군대 귀신에 사로잡혔던 사람이 옷을 입고 제정신이 들어 앉아 있는 것을 보고, 두려워하였다. 16 처음부터 이 일을 본 사람들은, 귀신 들렸던 사람에게 일어난 일과 돼지 떼에게 일어난 일을 그들에게 이야기하였다. 17 그러자 그들은 예수께, 자기네 지역을 떠나달라고 간청하였다. 18 예수께서 배에 오르실 때에, 귀신 들렸던 사람이 예수와 함께 있게 해달라고 애원하였다. 19 그

예수님은 귀신 들렸던 사람이 함께 있게 해달라는 애원을 왜 허락하지 않으신 건가요? 이제 귀신 들렸던 사람은 '정신이 온전한' 상태로 자기 자리에 '앉습니다'. '옷을 입은' 모습도 그 존재의 회복을 나타냅니다. 사회를 벗어나 무덤을 배회하던 그는 예수님과 함께하기를 원하지만, 예수님께서는 그를 집과 가족에게 돌려보내십니다. 개인의 회복이 사회적 회복으로 이어지는 것입니다. 베풀어주신 놀라운 자비를 널리 알리는 것 역시 그의 회복을 공개적으로 확인하는 의미를 갖습니다. 비유대인 지역이라 제사장 대신 공개적 확인을 선택한 것으로 보입니다. 예수님을 따른다는 것은 절대적인 요구지만, 때로는 도피의 몸짓이 될 수도 있습니다. 적어도 이 부분에서 예수님께서는 물리적 추종보다 공동체적인 삶의 회복이 우선이라 생각하신 것 같습니다.

러나 예수께서는 허락하지 않으시고, 그에게 말씀하셨다. "네 집으로 가서, 가족에게, 주님께서 너에게 큰 은혜를 베푸셔서 너를 불쌍히 여겨주신 일을 이야기하여라." 20 그는 떠나가서, 예수께서 자기에게 하신 일을 데가볼리에 전파하였다. 그리하니 사람들이 다 놀랐다.

야이로의 딸과 혈루증 걸린 여자(마 9:18-26; 눅 8:40-56)

21 ○ 예수께서 배를 타고 맞은편으로 다시 건너가시니, 큰 무리가 예수께로 모여들었다. 예수께서 바닷가에 계시는데, 22 회당장 가운데서 야이로라고 하는 사람이 찾아와서 예수를 뵙고, 그 발아래에 엎드려서 23 간곡히 청하였다. "내 어린 딸이 죽게 되었습니다. 오셔서, 그 아이에게 손을 얹어 고쳐주시고, 살려주십시오." 24 그래서 예수께서 그와 함께 가셨다. ○ 큰 무리가 뒤따라오면서 예수를 밀어댔다. 25 그런데 열두 해 동안 혈루증을 앓아온 여자가 있었다. 26 여러 의사에게 보이면서, 고생도 많이 하고, 재산도 다 없앴으나, 아무 효력이

혈루증이 나은 여자에게 예수님은 왜 "네 믿음이 너를 구원하였다"(34절)라고 말했나요? 구원은 문맥에 따라 다양한 종류의 '구출'을 가리킬 수 있습니다. 신학적 의미의 구원일 수도 있고, 출옥을 의미할 수도 있으며, 혹은 익사나 아사 위험으로부터의 구출일 수도 있습니다. 여기서는 병으로부터의 구원, 곧 치유를 의미합니다(6:56). 물론 질병의 치유는 실제로 치유와 회복이면서 동시에 더 깊은 구원을 가리키는 상징이기도 합니다. 나사렛 예수는 하나님의 권능으로 오셨고, 따라서 예수님에 대한 믿음과 기대는 종종 치유의 조건 혹은 전 단계로 제시되곤 합니다. 이 믿음은 치유로 이어지고, 이는 다시 예수님을 향한 더 깊은 믿음과 더 큰 구원의 경험으로 이어질 수 있습니다.
✝혈루증 : 부인병의 하나로, 월경 이외의 출혈을 말한다.

없었고, 상태는 더 악화되었다. 27 이 여자가 예수의 소문을 들고서, 뒤에서 무리 가운데로 끼여 들어와서는, 예수의 옷에 손을 대었다. 28 (그 여자는 "내가 그의 옷에 손을 대기만 하여도 나을 터인데!" 하고 생각하고 있었던 것이다.) 29 그래서 곧 출혈의 근원이 마르니, 그 여자는 몸이 나은 것을 느꼈다. 30 예수께서는 곧 자기에게서 능력이 나간 것을 몸으로 느끼시고, 무리 가운데서 돌아서서 "누가 내 옷에 손을 대었느냐?" 하고 물으셨다. 31 제자들이 예수께 "무리가 선생님을 에워싸고 떠밀고 있는데, 누가 손을 대었느냐고 물으십니까?" 하고 반문하였다. 32 그러나 예수께서는 그렇게 한 여자를 보려고 둘러보셨다. 33 그 여자는 자기에게 일어난 일을 알므로, 두려워하여 떨면서, 예수께로 나아와 엎드려서 사실대로 다 말하였다. 34 그러자 예수께서 그 여자에게 말씀하셨다. "딸아, 네 믿음이 너를 구원하였다. 안심하고 가거라. 그리고 이 병에서 벗어나서 건강하여라."

35 ○ 예수께서 말씀을 계속하고 계시는데, 회당장의 집에서 사람들이 와서, 회당장에게 말하였다. "따님이 죽었습니다. 이제 선생님을 더 괴롭혀서 무엇하겠습니까?" 36 예수께서 이

예수님은 죽은 사람도 살리는 분이었나요? 어떻게 그럴 수 있나요? 네 개의 복음서에는 가끔 예수님께서 죽은 사람을 살리는 이야기가 나옵니다. 예수님 자신의 부활도, 베드로와 바울이 죽은 사람을 살리는 이야기도 있습니다. 모두 '믿기 어려운, 불가능한' 이야기입니다. 그래서 예수님의 이 기적은 자주 의도적인 조작 내지는 신학적 '상징'으로 간주됩니다. 하지만 성경은 이것을 역사적 사건으로 제시합니다. 실제 교회가 선포한 복음의 핵심은 예수님을 통해 생명을 가능케 하는 하나님의 '능력'이었습니다. 이 믿음의 토대는 부활하신 예수님과의 실제적 만남이었습니다. 아울러 이것은 이성적 논증뿐 아니라 신앙적 결단과 확신의 영역이기도 합니다.

말을 곁에서 들으시고서, 회당장에게 말씀하셨다. "두려워하지 말고 믿기만 하여라." 37 그리고 베드로와 야고보와 야고보의 동생 요한밖에는, 아무도 따라오는 것을 허락하지 않으셨다. 38 그들이 회당장의 집에 이르렀다. 예수께서 사람들이 울며 통곡하며 떠드는 것을 보시고, 39 들어가서서, 그들에게 말씀하셨다. "어찌하여 떠들며 울고 있느냐? 그 아이는 죽은 것이 아니라 자고 있다." 40 그들은 예수를 비웃었다. 그러나 예수께서는 그들을 다 내보내신 뒤에, 아이의 부모와 일행을 데리고, 아이가 있는 곳으로 들어가셨다. 41 그리고 아이의 손을 잡으시고 말씀하셨다. "달리다굼!" (이는 번역하면 "소녀야, 내가 네게 말한다. 일어나거라" 하는 말이다.) 42 그러자 소녀는 곧 일어나서 걸어 다녔다. 소녀의 나이는 열두 살이었다. 사람들은 크게 놀랐다. 43 예수께서, 이 일을 아무에게도 알리지 말라고 그들에게 엄하게 명하시고, 소녀에게 먹을 것을 주라고 말씀하셨다.

제6장

예수께서 고향에서 배척을 당하시다(마 13:53-58; 눅 4:16-30)

1 예수께서 거기를 떠나서 고향에 가시니, 제자들도 따라갔다. 2 안식일이 되어서, 예수께서 회당에서 가르치기 시작하셨다. 많은 사람이 듣고, 놀라서 말하였다. "이 사람이 어디에서 이런 모든 것을 얻었을까? 이 사람에게 있는 지혜는 어떤 것일까? 그가 어떻게 그 손으로 이런 기적들을 일으킬까? 3 이 사람은 마리아의 아들 목수가 아닌가? 그는 야고보와 요셉과 유다와 시몬의 형이 아닌가? 또 그의 누이들은 모두 우리와 같이 여기에 살고 있지 않은가?" 그러면서 그들은 예수를 달갑지 않게 여겼다. 4 그래서 예수께서 그들에게 말씀하셨다. "예언자는 자기 고향과 자기 친척과 자기 집 밖에서는, 존경을 받지 않는 법이 없다." 5 예수께서는 다만 몇몇 병자에게 손을 얹어서 고쳐주신 것밖에는, 거기서는 아무 기적도 행하실 수 없었다. 6 그리고 그들이 믿지 않는 것에 놀라셨다.

예수님은 고향을 오래 떠나 있었나요? 한동안 떠났다가 다시 고향 나사렛을 찾았다는 사실만 분명할 뿐, 예수님께서 언제 떠나셨는지는 알 수 없습니다. 갈릴리에서도 나사렛보다는 가버나움이 주된 활동 거점이었습니다. 가버나움은 갈릴리 호수의 북쪽 끝에, 나사렛은 호수의 남서쪽으로 20km 정도 떨어진 곳에 자리합니다. 두 지역 간의 거리는 45km 남짓입니다. 예수님께서 고향 나사렛을 다시 찾으신 때는 다른 여러 지역을 다니고 난 후로 보입니다. 여기서 고향 나사렛 사람들은 과거 그들에게 익숙한 예수님의 인간적 정체성(마리아의 아들, 목수, 야고보와 요셉과 유다와 시몬의 형제)에 집착한 나머지, 새로운 예수님의 모습을 인정하지 못하고 그분을 '배척하는' 사람들을 대표합니다.

열두 제자를 선교에 파송하시다(마 10:1, 5–15; 눅 9:1–6)

○ 그리고 예수께서는 마을들을 두루 돌아다니시며 가르치셨다. 7 그리고 열두 제자를 가까이 부르셔서, 그들을 둘씩 둘씩 보내시며, 그들에게 악한 귀신을 억누르는 권능을 주었다. 8 그리고 그들에게 명하시기를, 길을 떠날 때에는, 지팡이 하나밖에는 아무것도 가지고 가지 말고, 빵이나 자루도 지니지 말고, 전대에 동전도 넣어가지 말고, 9 다만 신발은 신되, 옷은 두 벌 가지지 말라고 하셨다. 10 또 그들에게 말씀하셨다. "어디서 어느 집에 들어가든지, 그곳을 떠날 때까지 거기에 머물러 있어라. 11 어느 곳에서든지, 너희를 영접하지 않거나, 너희의 말을 듣지 않거든, 그곳을 떠날 때에 너희의 발에 묻은 먼지를 떨어서, 그들을 고발할 증거물로 삼아라." 12 그들은 나가서, 회개하라고 선포하였다. 13 그들은 많은 귀신을 쫓아내며, 수많은 병자에게 기름을 발라서 병을 고쳐주었다.

예수님은 고향 사람들이 "믿지 않는 것에 놀라셨다"(6절)고 하는데, 왜 놀라신 건가요? 예수님을 잘 아는 고향 사람들은 훌륭한 선지자의 모습으로 돌아온 예수님이 누구보다 기쁘고 자랑스러울 것이고, 그만큼 예수님의 놀라운 가르침에 마음을 열 수도 있었을 겁니다. 실제로 사람들은 예수님의 가르침을 듣고 깜짝 놀랐고, 어떻게 그런 지혜와 능력을 갖추게 되었는지 궁금해했습니다(2절). 하지만 예수님에 대한 친숙함은 고향 사람들에게 열린 믿음을 촉진하기는커녕 오히려 방해하는 이유로 작용했습니다. 익숙한 과거의 이미지에서 벗어나는 일은 쉽지 않습니다. 인간적 지식과 관점에 집착하는 이런 모습은 나사렛 사람들에게만 국한되는 것은 아닐 겁니다.

세례자 요한의 죽음(마 14:1-12; 눅 9:7-9)

14 ○ 예수의 이름이 널리 알려지니, 헤롯 왕이 그 소문을 들었다. 사람들은 말하기를 "세례자 요한이, 죽은 사람들 가운데서 살아났다. 그 때문에 그가 이런 놀라운 능력을 발휘하는 것이다" 하고, 15 또 더러는 말하기를 "그는 엘리야다" 하고, 또 더러는 "옛 예언자들 가운데 한 사람과 같은 예언자다" 하였다. 16 그런데 헤롯이 이런 소문을 듣고서 말하기를 "내가 목을 벤 그 요한이 살아났구나" 하였다.

17 ○ 헤롯은 요한을 잡아오게 하여서, 옥에 가둔 일이 있었다. 헤롯이 자기와 형제간인 빌립의 아내 헤로디아 때문에 그렇게 했던 것이다. 헤롯이 그 여자를 아내로 맞았으므로, 18 요한이 헤롯에게 형제의 아내를 차지하는 것은 옳지 않다고 말해왔기 때문이다. 19 그래서 헤로디아는 요한에게 원한을 품고, 요한을 죽이고자 하였으나, 뜻을 이루지 못하였다. 20 그것은, 헤롯이 요한을 의롭고 성스러운 사람으로 알고, 그를 두려워하며 보호해주었고, 또 그의 말을 들으면 몹시 괴로워하면서도 오히려 달게 들었기 때문이다. 21 그런데 좋은 기회가 왔다.

제자들도 예수님처럼 귀신을 쫓아내고 병을 고쳐줍니다. 그들의 능력은 어디서 나온 것인가요? 당시 제자들은 모방을 통해 스승의 가르침을 습득했습니다. 예수님께서 제자를 모으신 이유도 그분과 같이 생활하면서 복음 선포와 치유 활동을 함께하기 위해서였습니다. 제자의 활동은 스승의 권위에 기댑니다. 그래서 그들은 철저히 예수님께서 부여하신 능력으로(7절) 주어진 임무를 수행합니다. 이는 하나님께서 주시는 능력으로 예수님께서 그 일을 수행했던 것과 같습니다. 예수님과 함께 있을 때는 오해의 여지가 없어 굳이 말하지 않지만, 예수님께서 떠나신 이후 제자들의 선포에서는 '나사렛 예수 그리스도의 이름'이 매우 강조됩니다.

헤롯이 자기 생일에 고관들과 천부장들과 갈릴리의 요인들을 청하여놓고, 잔치를 베풀었는데, 22 헤로디아의 딸이 춤을 추어서, 헤롯과 그 자리에 앉아 있는 사람들을 즐겁게 해주었다. 왕이 소녀에게 말하였다. "네 소원을 말해보아라. 내가 들어주마." 23 그리고 그 소녀에게 굳게 맹세하였다. "네가 원하는 것이면, 이 나라의 절반이라도 주겠다." 24 소녀가 바깥으로 나가서, 자기 어머니에게 말하였다. "무엇을 달라고 청할까요?" 그 어머니가 말하였다. "세례자 요한의 머리를 달라고 하여라." 25 소녀는 급히 왕에게로 돌아와서 청하였다. "곧바로 서둘러서 세례자 요한의 머리를 쟁반에 담아서 내게 주십시오." 26 왕은 마음이 몹시 괴로웠지만, 맹세한 것과 거기에 함께 앉아 있는 사람들 때문에, 소녀가 달라는 것을 거절할 수 없었다. 27 그래서 왕은 곧 호위병을 보내서, 요한의 목을 베어오게 하였다. 호위병은 나가서, 감옥에서 요한의 목을 베어서, 28 쟁반에 담아 소녀에게 주고, 소녀는 그것을 자기 어머니에게 주었다. 29 요한의 제자들이 이 소식을 듣고 와서, 그 시체

세례자 요한의 죽음은 너무나 비참합니다. 예수님에게 세례를 줄 정도로 '의롭고 성스러운 사람'(20절)이라면 하나님은 적어도 그렇게 죽도록 내버려두어서는 안 되는 건 아닐까요? 세상의 모든 억울한 죽음이 마찬가지겠지요. 예수님의 죽음도, 이후 제자들의 순교도 그렇습니다. 사실 인간 세상의 어제와 오늘은 "하나님이 그러시면 안 된다"는 탄식으로 가득합니다. 가장 선하고 강한 하나님의 세계에서 악이 활개를 치고 선이 희생되는 비극적 역설입니다. 지금으로는 논리적 해결이 불가능한 난제입니다. 고통 앞에서 하나님을 부정하는 사람들도 있지만, 하나님의 선하심을 신뢰하며 그분의 궁극적 승리를 내다보고 인내하기도 합니다. 결국 답은 미래일 수밖에 없습니다. 언젠가 그리스도께서 오셔서 모든 것을 바로잡을 것이라는 믿음. 이것이 그리스도인들의 신앙입니다.

세례자 요한의 머리를 든 살로메 *Salome with the Head of Saint John the Baptist,*
Guido Reni, 1639-1642, Italy

를 거두어다가 무덤에 안장하였다.

오천 명을 먹이시다 (마 14:13-21; 눅 9:10-17; 요 6:1-14)

30 ○ 사도들이 예수께로 몰려와서, 자기들이 한 일과 가르친 일을 다 그에게 보고하였다. 31 그때에 예수께서 그들에게 말씀하셨다. "너희는 따로 외딴곳으로 와서, 좀 쉬어라." 거기에는 오고 가는 사람이 하도 많아서 음식을 먹을 겨를조차 없었기 때문이다. 32 그래서 그들은 배를 타고, 따로 외딴곳으로 떠나갔다. 33 그런데 많은 사람이 이것을 보고, 그들인 줄 알고, 여러 마을에서 발걸음을 재촉하여 그곳으로 함께 달려가서, 그들보다 먼저 그곳에 이르렀다. 34 예수께서 배에서 내려서 큰 무리를 보시고, 그들이 마치 목자 없는 양과 같으므로, 그들을 불쌍히 여기셨다. 그래서 그들에게 여러 가지로 가르치기 시작하셨다. 35 날이 이미 저물었으므로, 제자들이 예수께 다가와서 말하였다. "여기는 빈 들이고 날도 이미 저물었습니다. 36 이 사람들을 헤쳐, 제각기 먹을 것을 사 먹게 근방에 있는 농가나 마을로 보내시는 것이 좋겠습니다." 37 예수께서 그들에게 말씀

예수님은 그동안 많은 사람들과 만났는데, 왜 특별히 이 오천 명에게만 음식을 제공했나요? 유일하게 네 복음서에 모두 기록된 사건이자 아주 널리 알려진 예수님의 기적 중 하나입니다. 8장에는 사천 명에게 음식을 주시는 이야기도 나옵니다. 기록 자체가 저자의 선택이므로, 다른 사건이 더 있었을 가능성도 있습니다. 구체적인 상황 가운데 필요를 채우는 것이었지만, 예수님의 행동은 분명 의도적이었고, 그 배후에는 나름의 신학적 의미가 있어 보입니다. 즉 삶의 기본 조건을 채움으로써 하나님의 생명을 가져다주는 예수님의 모습을 드러냅니다. 마가복음서는 사실 자체의 기록에 초점을 맞추는 반면, 요한복음서는 이 '의미'를 더 확실하게 강조합니다(요 6:22-59).

하셨다. "너희가 그들에게 먹을 것을 주어라." 제자들이 그에게 말하였다. "그러면 우리가 가서 빵 이백 데나리온어치를 사다가 그들에게 먹이라는 말씀입니까?" 38 예수께서 그들에게 말씀하셨다. "너희에게 빵이 얼마나 있느냐? 가서, 알아보아라." 그들이 알아보고 말하였다. "빵 다섯 개와 물고기 두 마리가 있습니다." 39 예수께서는 제자들에게 명하여, 모두들 떼를 지어 푸른 풀밭에 앉게 하셨다. 40 그들은 백 명씩 또는 쉰 명씩 떼를 지어 앉았다. 41 예수께서 빵 다섯 개와 물고기 두 마리를 들어서, 하늘을 쳐다보고 축복하신 다음에, 빵을 떼어서 제자들에게 주시고 사람들에게 나누어주게 하셨다. 그리고 그 물고기 두 마리도 모든 사람에게 나누어주셨다. 42 그들은 모두 배불리 먹었다. 43 빵 부스러기와 물고기 남은 것을 주워 모으니, 열두 광주리에 가득 찼다. 44 빵을 먹은 사람은 남자 어른만도 오천 명이었다.

⁺데나리온 : 로마의 은전(銀錢)으로, 신약 시대 유대인들은 이 돈으로 세금을 납부했다. 1데나리온은 당시 노동자나 군인의 하루치 임금이었다. 동전의 앞면에는 디베료(티베리우스) 황제의 흉상 그림과 함께 '아우구스투스의 아들 티베리우스 케사르'라는 문구가 있었고, 뒷면에는 종려나무 가지를 들고 앉아 있는 평화의 여신 그림에 '대제사장'이라는 단어가 있었다.

예수께서 물 위로 걸으시다 (마 14:22-33; 요 6:15-21)

45 ○ 예수께서는 곧 제자들을 재촉하여, 배를 태워, 자기보다 먼저 건너편 벳새다로 가게 하시고, 그동안에 무리를 헤쳐 보내셨다. 46 그들과 헤어지신 뒤에, 예수께서는 기도하시려고 산에 올라가셨다. 47 날이 저물었을 때에, 제자들이 탄 배는 바다 한가운데 있었고, 예수께서는 홀로 뭍에 계셨다. 48 그런데 예수께서는, 그들이 노를 젓느라고 몹시 애쓰는 것을 보셨다. 바람이 거슬러서 불어왔기 때문이다. 이른 새벽에 예수께서 바다 위를 걸어서 그들에게로 가시다가, 그들을 지나쳐 가려고 하셨다. 49 제자들은 예수께서 바다 위로 걸어오시는 것을 보고, 유령으로 생각하고 소리쳤다. 50 그를 보고, 모두 놀랐기 때문이다. 그러나 예수께서 곧 그들에게 말씀하셨다. "안심하여라. 나다. 두려워하지 말아라." 51 그리고 예수께서 그들이 탄 배에 오르시니, 바람이 그쳤다. 그래서 제자들은 몹시 놀랐다. 52 그들은 빵을 먹이신 기적을 깨닫지 못하고, 마음이 무뎌져 있었다.

예수님의 옷술에만 손을 대도 병이 나았습니다(56절). 예수님의 옷에는 정말 어떤 특별한 능력이 있었던 건가요? 현상 자체는 매우 마술적으로 보입니다만, 예수님의 옷자락이 부적은 아닙니다. 평소 같으면 옷을 스친다고 무슨 일이 생기지는 않았을 것입니다. 먼 길을 거쳐 예수님을 찾아왔다는 것, 그리고 지나가는 예수님의 '옷자락만이라도' 만지게 해달라는 것은 그 치유의 능력이 옷이 아니라 예수님에게서 나올 것이라는 기대의 표현입니다. 많은 사람들이 몰려서 차분하게 한 사람씩 만날 수 없는 상황을 반영하는 그림입니다. 이는 예수님께서 그 사람들을 치유하시기로 마음먹었다는 것을 의미합니다. 대개 예수님의 치유는 그냥 말씀만으로 이루어지지만, 손을 머리에 얹거나 드물게는 침을 이용하는 경우도 나옵니다.

게네사렛에서 병자들을 고치시다^(마 14:34-36)

53 ○ 그들은 바다를 건너가서, 게네사렛 땅에 이르러 닻을 내렸다. 54 그들이 배에서 내리니, 사람들이 곧 예수를 알아보고, 55 그 온 지방을 뛰어다니면서, 예수가 어디에 계시든지, 병자들을 침상에 눕혀서 그곳으로 데리고 오기 시작하였다. 56 예수께서, 마을이든 도시이든 농촌이든, 어디에 들어가시든지, 사람들이 병자들을 장터거리에 데려다 놓고, 예수께 그 옷술만에라도 손을 대게 해달라고 간청하였다. 그리고 손을 댄 사람은 모두 병이 나았다.

{ 제7장 }

장로들의 전통(마 15:1-20)

1 바리새파 사람들과 예루살렘에서 내려온 율법학자 몇 사람이 예수께로 몰려왔다. 2 그들은 예수의 제자들 가운데 몇 사람이 부정한 손 곧 씻지 않은 손으로 빵을 먹는 것을 보았다. 3 −바리새파 사람과 모든 유대 사람은 장로들의 전통을 지켜, 규례대로 손을 씻지 않고서는 음식을 먹지 않았으며, 4 또 시장에서 돌아오면, 몸을 정결하게 하지 않고서는 먹지 않았다. 그 밖에도 그들이 전해 받아 지키는 규례가 많이 있었는데, 그것은 곧 잔이나 단지나 놋그릇이나 침대를 씻는 일이다. − 5 그래서 바리새파 사람들과 율법학자들이 예수께 물었다. "왜 당신의 제자들은 장로들이 전하여준 전통을 따르지 않고, 부정한 손으로 음식을 먹습니까?" 6 예수께서 그들에게 대답하셨다. "이사야가 너희 같은 위선자들을 두고 적절히 예언하였다. 이렇게 기록되어 있다. '이 백성은 입술로는 나를 공경해도, 마음은 내게서 멀리 떠나 있다. 7 그들은 사

장로들의 전통을 지킨다(3절)는 것은 무슨 의미인가요? 예수님 시대에는 모세 율법이 이미 '옛날' 법이어서 시대에 맞지 않는 부분이 많았습니다. 또 율법 자체는 원칙만 제시하는 경우가 많다 보니 실제 율법을 지키려면 구체적인 상황에 맞는 해석과 지침들이 필요했습니다. 이런 해석과 규범들이 오랜 세월 쌓여 만들어진 것이 '장로들의 전통'입니다. 일을 하지 말라는 안식일 규정을 위해 구체적으로 노동의 범위를 정하는 것이나 정결함을 위해 손 씻는 규정을 마련하는 것 등이 그런 예입니다. 실제 상황을 염두에 두고 율법을 해석한 것이어서 사실상 율법과 같은 것으로 여겨졌습니다. 그래서 유대인들에겐 장로들의 전통을 지키는 것이 곧 율법을 지키는 행위였습니다.

람의 훈계를 교리로 가르치며, 나를 헛되이 예배한다.' 8 너희는 하나님의 계명을 버리고, 사람의 전통을 지키고 있다." 9 또 그들에게 말씀하셨다. "너희는 너희의 전통을 지키려고 하나님의 계명을 잘도 저버린다. 10 모세가 말하기를 '네 아버지와 네 어머니를 공경하여라' 하고, 또 '아버지나 어머니를 욕하는 자는 반드시 죽을 것이다' 하였다. 11 그러나 너희는 말한다. 누구든지 아버지나 어머니에게 말하기를 '내게서 받으실 것이 고르반(곧 하나님께 드리는 예물)이 되었습니다' 하고 말만 하면 그만이라고 말한다. 12 그러면서 아버지나 어머니에게 그 이상 아무것도 해드리지 못하게 한다. 13 너희는 너희가 물려받은 전통을 가지고, 하나님의 말씀을 헛되게 하며, 또 이와 같은 일을 많이 한다."

14 ○ 예수께서 다시 무리를 가까이 부르시고서, 그들에게 말씀하셨다. "너희는 모두 내 말을 듣고 깨달아라. 15 무엇이든지 사람 밖에서 사람 안으로 들어가는 것으로서 그 사람을 더럽히는 것은 아무것도 없다. 16 사람에게서 나오는 것이 그 사람을 더럽힌다." 17 예수께서 무리를 떠나 집으로 들어가셨을 때에, 제자들이 그 비유를 두고 물었다. 18 예수께서 그들

이스라엘 사람들은 전해 받은 규례를 지키는 것을 왜 그렇게 중요하게 생각했나요? 성전과 더불어 율법은 하나님의 백성이라는 이스라엘의 정체성의 핵심 상징입니다. 오늘날 기독교인들이 성경책을 대하는 태도와 비슷한 것이지요. 따라서 하나님과의 관계는 율법에 대한 순종으로 집약됩니다. 앞서 설명한 것처럼 일상 속에서의 순종을 위해 오래전부터 구체적인 실천의 전통이 축적되어왔고, 이렇게 생겨난 '장로들의 전통'은 그대로 율법과 같은 권위로 받아들여졌습니다. 전통이 된 일상의 규정을 지키면서 그들은 자신이 하나님의 백성이라는 사실을 확인하고, 이를 통해 훗날 하나님 나라에 들어갈 것이라는 희망을 되새겼습니다. 물론 신앙이 건강할 때 그렇다는 뜻입니다.

에게 말씀하셨다. "너희도 아직 깨닫지 못하느냐? 밖에서 사람의 몸속으로 들어가는 것이 사람을 더럽히지 못한다는 것을 알지 못하느냐? 19 밖에서 사람 안으로 들어가는 것은 무엇이든지, 사람의 마음속으로 들어가지 않고, 뱃속으로 들어가서 뒤로 나가기 때문이다." 예수께서는 이런 말씀을 하여 모든 음식은 깨끗하다고 하셨다. 20 또 그들에게 말씀하셨다. "사람에게서 나오는 것, 그것이 사람을 더럽힌다. 21 나쁜 생각은 사람의 마음에서 나오는데, 곧 음행과 도둑질과 살인과 22 간음과 탐욕과 악의와 사기와 방탕과 악한 시선과 모독과 교만과 어리석음이다. 23 이런 악한 것이 모두 속에서 나와서 사람을 더럽힌다."

시로페니키아 여자의 믿음(마 15:21-28)

24 ○ 예수께서 거기에서 일어나셔서, 두로 지역으로 가셨다. 그리고 어떤 집에 들어가셨는데, 아무도 그것을 모르기를 바라셨으나, 숨어계실 수가 없었다. 25 악한 귀신 들린 딸을 둔 여자가 곧바로 예수의 소문을 듣고 와서, 그의 발 앞에 엎드

예수님은 율법학자들과 논쟁할 만큼 지적인 수준이 높았나요? 예수님의 지식은 교육의 결과인가요, 아니면 하나님의 아들이어서 갖게 된 능력인가요? 예수님께서 공식적으로 유대교의 율법교사인 랍비 훈련을 받은 증거는 없습니다. 그래서 고향 사람들이 예수님의 지혜와 능력에 더 놀랐을 것입니다. 명민한 젊은이였다면 어릴 때부터 집에서나 회당에서 상당한 수준의 지식을 습득할 수 있었을 것이며, 공적인 활동을 시작하기 전에 율법을 더 깊이 배울 기회를 가졌을 수도 있습니다. 복음서는 예수님의 남다른 지혜를 그분의 초월적 신분과 직접 연결하지는 않습니다. 오히려 누가복음서는 아기 예수의 키가 자라듯 그의 지혜도 자랐다(눅 2:40, 52)고 묘사합니다.

렸다. 26 그 여자는 그리스 사람으로서, 시로페니키아 출생인데, 자기 딸에게서 귀신을 쫓아내달라고 예수께 간청하였다. 27 예수께서 그 여자에게 말씀하셨다. "자녀들을 먼저 배불리 먹여야 한다. 자녀들이 먹을 빵을 집어서 개들에게 던져주는 것은 옳지 않다." 28 그러나 그 여자가 예수께 말하였다. "주님, 그러나 상 아래에 있는 개들도 자녀들이 흘리는 부스러기는 얻어먹습니다." 29 그래서 예수께서 그 여자에게 말씀하셨다. "네가 그렇게 말하니, 돌아가거라, 귀신이 네 딸에게서 나갔다." 30 그 여자가 집에 돌아가서 보니, 아이는 침대에 누워 있고, 귀신은 이미 나가고 없었다.

귀먹고 말 더듬는 사람을 고치시다

31 ○ 예수께서 다시 두로 지역을 떠나, 시돈을 거쳐서, 데가볼리 지역 가운데를 지나, 갈릴리 바다에 오셨다. 32 그런데 사람들이 귀먹고 말 더듬는 사람을 예수께 데리고 와서, 손을

옆에서 듣기 민망한 대화가 예수님과 여자 사이에 오갑니다. 여자를 개에 비유한 예수님의 말은 너무 매정한 거 아닌가요? 이 에피소드는 매우 유명합니다. 전체 문맥을 자세히 살펴보면, 예수님의 행동은 다분히 의도적입니다. 이 이야기는 두로 지역, 여자, 그리스 사람, 시로페니키아 출생 같은 표현을 통해 여인의 '부적합성'을 강조하며 시작됩니다. 예수님께서는 '악마의 변호인'(Devil's Advocate)을 자임하기로 작정하신 것처럼 보입니다. 그러니까 여인의 태도를 극단으로 밀어붙여 시험하는 역할을 자처하고 계신 겁니다. 그러나 여인은 예수님의 당연한 논리에 굴하지 않았고, 오히려 그 상식적 신념의 빈틈을 찾아냅니다. 결국 예수님께서는 여인의 탁월한 논증에 '굴복'당해 그녀의 딸을 치유하십니다. 다가올 하나님의 통치, 진정한 하나님 나라는 유대인뿐 아니라 모든 사람이 수혜자가 될 그런 나라임을 보여주는 일화입니다.

엎어주시기를 간청하였다. 33 예수께서 그를 무리로부터 따로 데려가서, 손가락을 그의 귀에 넣고, 침을 뱉어서, 그의 혀에 손을 대셨다. 34 그리고 하늘을 우러러보시고서 탄식하시고, 그에게 말씀하시기를 "에바다" 하셨다. (그것은 열리라는 뜻이다.) 35 그러자 곧 그의 귀가 열리고 혀가 풀려서, 말을 똑바로 하였다. 36 예수께서 이 일을 아무에게도 말하지 말라고 그들에게 명하셨으나, 말리면 말릴수록, 그들은 더욱더 널리 퍼뜨렸다. 37 사람들이 몹시 놀라서 말하였다. "그가 하시는 일은 모두 훌륭하다. 듣지 못하는 사람도 듣게 하시고, 말 못 하는 사람도 말하게 하신다."

귀먹고 말 더듬는 사람을 고치는 데 예수님은 무언가를 동원합니다. 손가락을 귀에 넣고 침을 뱉어서 그의 혀에 손을 대고…. 상세한 서술로 봐서는 마치 그것이 이 사람의 치유에 중요한 행위처럼 보입니다. 무슨 차이가 있나요? 실제 치유는 '에바다'(34절) 하는 말씀으로 이루어지므로, 마술적 조작이 아닌 상징적인 행위를 하신 것 같습니다. 장소가 비유대인 지역이라 그들에게 익숙한 행동을 하셨다고 볼 수도 있지만, 고대인들에게 감염의 원인이었던 침을 치유의 수단으로 역이용하신 것일 수도 있습니다. 더 중요한 것은 문제의 원인인 입(혀)과 귀에 직접 손을 대신 행동입니다. 당시 유대교의 한 종파였던 쿰란 공동체는 말 못 하고 듣지 못하는 사람을 거룩한 공동체에서 배제했습니다. 그렇다면 예수님께서는 보다 가시적인 상징 행동을 통해 배제되었던 사람을 공동체로 회복시킨다는 메시지를 강하게 던지고 계십니다.

{ 제8장 }

사천 명을 먹이시다(마 15:32-39)

1 그 무렵에 다시 큰 무리가 모여 있었는데, 먹을 것이 없었다. 예수께서 제자들을 가까이 불러놓고 말씀하셨다. 2 "저 무리가 나와 함께 있은 지가 벌써 사흘이나 되었는데, 먹을 것이 없으니 가엾다. 3 내가 그들을 굶은 채로 집으로 돌려보내면, 길에서 쓰러질 것이다. 더구나 그 가운데는 먼 데서 온 사람들도 있다." 4 제자들이 예수께 말하였다. "이 빈 들에서, 어느 누가, 무슨 수로, 이 모든 사람이 먹을 빵을 장만할 수 있겠습니까?" 5 예수께서 그들에게 물으셨다. "너희에게 빵이 몇 개나 있느냐?" 그들이 대답하였다. "일곱 개가 있습니다." 6 예수께서는 무리에게 명하여 땅에 앉게 하셨다. 그리고 빵 일곱 개를 들어서, 감사 기도를 드리신 뒤에, 떼어서 제자들에게 주시고, 사람들에게 나누어주게 하시니, 제자들이 무리에게 나누어주었다. 7 또 그들에게는 작은 물고기가 몇 마리 있었는데, 예수께서 그것을 축복하신 뒤에, 그것도 사람들에게 나누

사흘 동안 예수님과 함께 있던 사람들은 하루 종일 무엇을 했나요? 빈 들에서 노숙하며 먹지도 못한 채 말입니다. 축약된 설명에서 상세한 상황을 유추하는 것은 쉽지 않습니다. 예수님의 특별한 능력과 가르침 때문에 수많은 군중들이 예수님을 따랐고, 순회 전도 여행 중이었으므로 종종 배고픈 상황이 발생했을 것입니다. 제자를 향한 예수님의 말씀은 대개 제자들을 가르치려는 의도에서 나온 표현입니다. 군중의 절박한 상황을 가리킴으로써 이전에 예수님께서 배고픈 무리를 먹이셨던 일을 떠올리게 하고, 이를 통해 예수님을 향한 제자들의 믿음을 새롭게 하려는 의도일 수 있습니다. 안타깝게도 제자들은 그런 예수님의 요구에 부응하지 못하는 경우가 잦습니다.

어주게 하셨다. 8 그리하여 사람들이 배불리 먹었으며, 남은 부스러기를 주워 모으니, 일곱 광주리에 가득 찼다. 9 사람은 사천 명쯤이었다. 예수께서는 그들을 헤쳐 보내셨다. 10 그리고 곧 제자들과 함께 배에 올라, 달마누다 지방으로 가셨다.

표징을 거절하시다(마 16:1-4)

11 ○ 바리새파 사람들이 나와서는, 예수에게 시비를 걸기 시작하였다. 그들은 예수를 시험하느라고 그에게 하늘로부터 내리는 표징을 요구하였다. 12 예수께서는 마음속으로 깊이 탄식하시고서 말씀하셨다. "어찌하여 이 세대가 표징을 요구하는가! 내가 진정으로 너희에게 말한다. 이 세대는 아무 표징도 받지 못할 것이다." 13 그리고 예수께서는 그들을 떠나, 다시 배를 타고 건너편으로 가셨다.

바리새파 사람들이 예수님에게 요구한 하늘로부터 내리는 표징(11절)이란 무엇을 말하나요? 예수님께서는 사람을 치유할 뿐 아니라 죄를 사하는 일(예, 2:5)도 하셨습니다. 그러나 그분의 반대자들은 예수님께서 하나님만 하실 수 있는 일에 도전하는 신성모독적 행동을 하신다고 생각했습니다. 하지만 예수님을 통해 드러나는 능력과 영향력 때문에 그분을 무시할 수가 없었습니다. 아마도 그들은 예수님의 신적 위상을 증명할 수 있는 표징을 요구한 것으로 보입니다. 그러나 지금까지 주어진 수많은 표징을 무시한 채 또다시 표징을 요구하는 그들의 악한 의도를 간파하신 예수님께서는 그 요구를 거절하십니다. 말씀의 진실함을 깨닫지 못한다면 초월적 표징조차 무의미하다고 생각하신 것입니다.

바리새파 사람들과 헤롯의 누룩(마 16:5-12)

14 ○ 제자들이 빵을 가져오는 것을 잊었다. 그래서 그들이 탄 배 안에는 빵이 한 개밖에 없었다. 15 예수께서 제자들에게 경고하여 말씀하셨다. "너희는 주의하여라. 바리새파 사람의 누룩과 헤롯의 누룩을 조심하여라." 16 제자들은 서로 수군거리기를 "우리에게 빵이 없어서 그러시는가 보다" 하였다. 17 예수께서 이것을 아시고 말씀하셨다. "어찌하여 너희는 빵이 없는 것을 두고 수군거리느냐? 아직도 알지 못하고 깨닫지 못하느냐? 너희의 마음이 그렇게도 무디어 있느냐? 18 너희는, 눈이 있어도 보지 못하고, 귀가 있어도 듣지 못하느냐? 기억하지 못하느냐? 19 내가 빵 다섯 개를 오천 명에게 떼어주었을 때에, 너희는 남은 빵 부스러기를 몇 광주리나 가득 거두었느냐?" 그들이 그에게 대답하였다. "열두 광주리입니다." 20 "빵 일곱 개를 사천 명에게 떼어주었을 때에는, 남은 부스러기를 몇 광주리나 가득 거두었느냐?" 그들이 대답하였다. "일곱 광주리입니다." 21 예수께서 그들에게 말씀하셨다. "너희가 아직도 깨닫지 못하느냐?"

빵과 누룩 문제로 제자들을 꾸짖는 예수님의 모습은 매우 단호하게 느껴집니다. 예수님의 대표적인 이미지인 '사랑'과는 거리가 있어 보이는데, 예수님의 성격과 말은 별개였나요? 상황에 따라 사랑이 표현되는 방식은 다양할 것입니다. 따스한 말이 필요한 것처럼, 단호한 꾸지람도 필요합니다. 지금까지의 경험을 근거로 충분히 이해했어야 할 사실을 이해하지 못하는 상황에서 예수님께서는 현실을 바라보는 제자들의 시선이 흐리고 느슨하다는 사실을 느낍니다. 이럴 때는 따끔한 꾸지람을 통해 정신이 바짝 들게 만드는 것이 스승의 역할일 것입니다. 어떤 경우에나 무조건 "좋은 게 좋다"는 식의 태도는 오히려 사랑이 없는 무관심의 표현일 때가 많습니다.

벳새다의 눈먼 사람을 고치시다

22 ○ 그리고 그들은 벳새다로 갔다. 사람들이 눈먼 사람 하나를 예수께 데려와서, 손을 대주시기를 간청하였다. 23 예수께서 그 눈먼 사람의 손을 붙드시고, 마을 바깥으로 데리고 나가셔서, 그 두 눈에 침을 뱉고, 그에게 손을 얹으시고서 물으셨다. "무엇이 보이느냐?" 24 그 사람이 쳐다보고 말하였다. "사람들이 보입니다. 나무 같은 것들이 걸어 다니는 것 같습니다." 25 그때에 예수께서는 다시 그 사람의 두 눈에 손을 얹으셨다. 그 사람이 뚫어지듯이 바라보더니, 시력을 회복하여 모든 것을 똑똑히 보게 되었다. 26 예수께서 그를 집으로 돌려보내시며 말씀하셨다. "마을로 들어가지 말아라."

베드로가 예수를 그리스도로 고백하다 (마 16:13-20; 눅 9:18-21)

27 ○ 예수께서 제자들과 함께 빌립보의 가이사랴에 있는 여러 마을로 길을 나서셨는데, 도중에 제자들에게 물으셨다. "사

눈먼 사람을 치유하면서 예수님은 침을 사용합니다(23절). 그것이 의미하는 바는 무엇인가요? 본문에 아무런 설명이 없으니 확실한 답은 어렵습니다. 7장 설명에서 언급한 것처럼, 예수님께서는 당시 사람들에게 오염원으로 인식되었던 침을 치유의 수단으로 역이용하십니다. 하지만 이번 사건에서 침을 뱉고 손을 얹는 행위는 절반의 효과만을 발휘하고, 두 번째로 손을 얹으셨을 때 완전한 회복이 이루어집니다. 여기서도 관심의 초점은 질문 형태로 이루어진 예수님께서 하신 치유의 말씀입니다. 말씀을 통한 치유가 독특한 형식으로 표현된 것입니다. 앞뒤 문맥에 비춰보자면, 두 단계의 치유 과정은 예수님에 대한 제자들의 점진적 깨달음을 비유적으로 보여주기도 합니다.

람들이 나를 누구라고 하느냐?" 28 제자들이 예수께 말하였다. "세례자 요한이라고 합니다. 엘리야라고 하는 사람들도 있고, 또 예언자 가운데 한 분이라고 하는 사람들도 있습니다." 29 예수께서 그들에게 물으셨다. "그러면, 너희는 나를 누구라고 하느냐?" 베드로가 예수께 대답하였다. "선생님은 그리스도이십니다." 30 예수께서 그들에게 엄중히 경고하시기를, 자기에 관하여 아무에게도 말하지 말라고 하셨다.

수난과 부활을 처음으로 예고하시다(마 16:21-28; 눅 9:22-27)

31 ○ 그리고 예수께서는, 인자가 반드시 많은 고난을 받고, 장로들과 대제사장들과 율법학자들에게 배척을 받아, 죽임을 당하고 나서, 사흘 후에 살아나야 한다는 것을 그들에게 가르치기 시작하셨다. 32 예수께서 드러내놓고 이 말씀을 하시니, 베드로가 예수를 바싹 잡아당기고, 그에게 항의하였다. 33 그러나 예수께서는 돌아서서, 제자들을 보시고, 베드로를 꾸짖어 말씀하셨다. "사탄아, 내 뒤로 물러가라. 너는 하나님의 일

예수님은 그동안 대중 강연도 많이 하고 노출될 만큼 노출된 셈인데, 왜 제자들에게 자기에 관해 아무에게도 말하지 말라고 했나요? 베드로에게서 보듯, 예수님을 그리스도(=메시아)로 고백하는 것과 메시아에 대해 정확하게 이해하는 것은 별개입니다. 당시 유대인들은 하나님의 백성인 자신들을 정치적으로 자유롭게 해주고 다윗 왕조를 재건할 메시아를 기대했습니다. 반면 예수님께서는 사람들을 위해 고난당하고 목숨까지 대신 내어주는 메시아를 이야기하셨지요. 여기에서 이해와 기대의 충돌이 일어납니다. 섣부른 선포를 막는 것은 이런 오해를 의식했기 때문입니다. 메시아에 대한 대중의 기대가 고난받는 메시아로서의 행보를 꼬이게 할 수 있다는 신중함일 것입니다. 드러내야 하면서도 최대한 오해를 피해야 하는 역설적인 상황입니다.

을 생각하지 않고, 사람의 일만 생각하는구나!"

34 ○ 그리고 예수께서 제자들과 함께 무리를 불러놓고 그들에게 말씀하셨다. "나를 따라오려고 하는 사람은, 자기를 부인하고, 자기 십자가를 지고, 나를 따라오너라. 35 누구든지 제 목숨을 구하고자 하는 사람은 잃을 것이요, 누구든지 나와 복음을 위하여 제 목숨을 잃는 사람은 구할 것이다. 36 사람이 온 세상을 얻고도 제 목숨을 잃으면, 무슨 이득이 있겠느냐? 37 사람이 제 목숨을 되찾는 대가로 무엇을 내놓겠느냐? 38 음란하고 죄가 많은 이 세대에서, 누구든지 나와 내 말을 부끄럽게 여기면, 인자도 자기 아버지의 영광에 싸여 거룩한 천사들을 거느리고 올 때에, 그를 부끄럽게 여길 것이다."

{ 제9장 }

1 또 예수께서 그들에게 말씀하셨다. "내가 진정으로 너희에게 말한다. 여기에 서 있는 사람들 가운데는, 죽기 전에 하나님의 나라가 권능을 떨치며 와 있는 것을 볼 사람들도 있다."

영광스러운 모습으로 변모하시다(마 17:1-13; 눅 9:28-36)

2 ○ 그리고 엿새 뒤에 예수께서 베드로와 야고보와 요한만을 데리고, 따로 높은 산으로 가셨다. 그런데, 그들이 보는 앞에서, 그의 모습이 변하였다. 3 그 옷은 세상의 어떤 빨래꾼이라도 그렇게 희게 할 수 없을 만큼 새하얗게 빛났다. 4 그리고 엘리야가 모세와 함께 그들에게 나타나더니, 예수와 말을 주고받았다. 5 그래서 베드로가 예수께 말하였다. "랍비님, 우리가 여기에 있는 것이 좋겠습니다. 우리가 초막 셋을 지어서, 하나에는 랍비님을, 하나에는 모세를, 하나에는 엘리

"죽기 전에 하나님의 나라가 권능을 떨치며 와 있는 것을 볼 사람들도 있다"(1절)는 것은 무슨 의미인가요? 이미 그때 하나님의 나라가 와 있었다는 말인가요? 하나님의 나라는 무슨 뜻인가요? 다양한 해석이 공존하는 '난해한 구절' 중 하나입니다. 제자들이 완성된 하나님 나라를 보지 못했기 때문에 실패한 예언으로 해석하기도 하고, 예수님의 재림이 지연되는 상황에서 초기 교회가 만들어낸 예언으로 보기도 합니다. 성경의 권위를 신뢰하는 사람들은 대개 실제 제자들이 예수님을 통해 경험했던 다양한 사건들에 대한 언급으로 해석합니다. 바로 이어 나오는 예수님께서 영광스러운 모습으로 변화하신 사건, 또는 예수님의 죽음에서 성령 강림에 이르는 일련의 사건 전체, 혹은 악과 죽음을 정복한 사건으로서 예수님의 죽음과 부활 등이 대표적인 예입니다.

야를 모시겠습니다." 6 베드로는 무슨 말을 해야 좋을지 몰라서 이런 말을 했던 것이다. 제자들이 겁에 질렸기 때문이다. 7 그런데 구름이 일어나서, 그들을 뒤덮었다. 그리고 구름 속에서 소리가 났다. "이는 내 사랑하는 아들이다. 너희는 그의 말을 들어라." 8 그들이 문득 둘러보았으나, 아무도 없고, 예수만 그들과 함께 계셨다.

9 ○ 그들이 산에서 내려올 때에, 예수께서는 그들에게 명하시어, 인자가 죽은 사람들 가운데서 살아날 때까지는, 본 것을 아무에게도 이야기하지 말라고 하셨다. 10 그들은 이 말씀을 간직하고, 죽은 사람들 가운데서 살아난다는 것이 무슨 뜻인가를 서로 물었다. 11 그들이 예수께 묻기를 "어찌하여 율법학자들은 엘리야가 먼저 와야 한다고 합니까?" 하니, 12 예수께서 그들에게 말씀하셨다. "확실히 엘리야가 먼저 와서, 모든 것을 회복한다. 그런데, 인자가 많은 고난을 받고 멸시를 당할 것이라고 기록한 것은, 어찌 된 일이냐? 13 내가 너희에게 말한다. 엘리야는 이미 왔다. 그런데, 그를 두고 기록한 대로, 사람들은 그를 함부로 대하였다."

예수님이 높은 산에서 만난 엘리야와 모세는 누구입니까? 그들이 여기에 등장한 이유는 무엇인가요? 엘리야와 모세는 유대인의 생각 속에서 죽음을 겪지 않고 하늘로 올라간 존재로 여겨졌던 두 인물로, 무엇보다도 영광스러운 미래에 대한 유대인의 기대를 집약합니다. 예수님께서 다시 오시는 종말이 다가오면, 하나님께서는 먼저 엘리야를 보내실 것입니다(말 4:5). 또 마지막 때 하나님께서는 모세와 같은 선지자를 보내 이스라엘을 순종하는 나라로 회복하실 것입니다(신 18:14~22). 모세는 이스라엘을 이집트의 압제로부터 구원한 출애굽의 영웅이기도 합니다. 따라서 이 장면은 영광스러운 미래에 대한 이스라엘의 기대가 예수님을 통해 성취될 것을 암시하는 사건입니다.

귀신 들린 아이를 고치시다(마 17:14-20; 눅 9:37-43상반)

14 ○ 그들이 다른 제자들에게 와서 보니, 큰 무리가 그 제자들을 둘러싸고 있고, 율법학자들이 그들과 논쟁을 하고 있었다. 15 온 무리가 곧 예수를 보고서는 몹시 놀라, 달려와서 인사하였다. 16 예수께서 그들에게 물으셨다. "너희는 그들과 무슨 논쟁을 하고 있느냐?" 17 무리 가운데 한 사람이 예수께 대답하였다. "선생님, 내 아들을 선생님께 데려왔습니다. 그 아이는 말을 못 하게 하는 귀신이 들려 있습니다. 18 어디서나 귀신이 아이를 사로잡으면, 아이를 거꾸러뜨립니다. 그러면 아이는 거품을 흘리며, 이를 갈며, 몸이 뻣뻣해집니다. 그래서 선생님의 제자들에게 그 귀신을 쫓아내달라고 했으나, 그들은 쫓아내지 못했습니다." 19 예수께서 그들에게 말씀하셨다. "아, 믿음이 없는 세대여, 내가 언제까지 너희와 함께 있어야 하겠느냐? 내가 언제까지 너희에게 참아야 하겠느냐? 아이를 내게 데려오너라." 20 그래서 그들이 아이를 예수께 데려왔다. 귀신이 예수를 보자, 아이에게 즉시 심한 경련을 일으켰

베드로는 왜 예수님을 '랍비'라고 부른 거죠?(5절) 예수님은 랍비였나요? 예수님과 제자들의 관계는 당시 랍비와 제자들의 관계와 겹치는 면이 많았습니다. 부활 이후에는 제자들이 예수님을 '주님'으로 섬기는 수준까지 발전하지만, 예수님께서 이 땅에 계셨던 공적인 사역 기간에는 랍비-제자 관계가 예수님과 제자들의 관계를 이해하는 가장 기본적인 틀의 하나였습니다. 물론 예수님이 공식적인 교육을 통해 제도권 랍비가 된 것은 아니며, 그분의 행보 역시 관례를 벗어난 경우가 많았습니다. 예수님께서는 단순히 과거 전통적인 전달자 역할을 넘어 새로운 권위로 하나님의 뜻을 선포하셨기에, 제도권의 율법 전문가들과 날선 대립을 보일 때가 많았습니다.

다. 아이는 땅에 넘어져서, 거품을 흘리면서 뒹굴었다. 21 예수께서 그 아버지에게 물으셨다. "아이가 이렇게 된 지 얼마나 되었느냐?" 그가 대답하였다. "어릴 때부터입니다. 22 귀신이 그 아이를 죽이려고, 여러 번, 불 속에도 던지고, 물속에도 던졌습니다. 하실 수 있으면, 우리를 불쌍히 여기시고, 도와주십시오." 23 예수께서 그에게 말씀하셨다. "'할 수 있으면'이 무슨 말이냐? 믿는 사람에게는 모든 일이 가능하다." 24 그 아이 아버지는 큰 소리로 외쳐 말했다. "내가 믿습니다. 믿음 없는 나를 도와주십시오." 25 예수께서 무리가 어울려 달려오는 것을 보시고, 악한 귀신을 꾸짖어 말씀하셨다. "벙어리와 귀머거리가 되게 하는 귀신아, 내가 너에게 명한다. 그 아이에게서 나가라. 그리고 다시는 그에게 들어가지 말아라." 26 그러자 귀신은 소리를 지르고서, 아이에게 심한 경련을 일으켜놓고 나갔다. 아이는 죽은 것과 같이 되었다. 그래서 사람들은 모두 말하기를 "아이가 죽었다" 하였다. 27 그런데 예수께서 아이의 손을 잡아서 일으키시니, 아이가 일어섰다. 28 예수께서 집

예수님은 '벙어리와 귀머거리가 되게 하는 귀신'이라고 부르고, 귀신을 기도로 쫓아낸다고도 하십니다(25-29절). 마치 질병이 귀신에 의해 생긴 것처럼 말씀하시는데요, 이런 말씀을 근거로 오늘날 일부 교회들이 병든 사람들을 현혹하는 거 아닌가요? 질병과 귀신 들림은 다르지만, 종종 연결되기도 합니다. 질병 자체가 귀신 들림이라는 말이 아니라, 귀신이 사람을 사로잡아 말을 못 하게 하거나 듣지 못하게 만든다는 뜻입니다. 고대의 '귀신'을 현대적 언어로 옮기기는 어렵습니다. 신약성경의 요한복음서나 바울서신에는 이런 현상 자체가 나오지 않습니다. 어쨌든 육체적, 정신적 질병을 바로 귀신 들림으로 설명하는 것은 매우 위험합니다. 의술이 필요한 상황과 영적 조치가 필요한 상황은 다릅니다. 복음서의 '귀신' 이야기는 우리 삶의 영적 차원을 일깨워주지만, 이를 구체적인 현상과 섣불리 연결하는 일은 조심해야 합니다.

안으로 들어가시니, 제자들이 따로 그에게 물어보았다. "왜 우리는 귀신을 쫓아내지 못했습니까?" 29 예수께서 그들에게 대답하셨다. "이런 부류는 기도로 쫓아내지 않고는, 어떤 수로도 쫓아낼 수 없다."

수난과 부활을
두 번째로 예고하시다 (마 17:22-23; 눅 9:43하반-45)

30 ○ 그들은 거기에서 나와서, 갈릴리를 가로질러 가고 있었다. 예수께서는 이것을 남들이 알기를 바라지 않으셨다. 31 그것은 예수께서 제자들을 가르치시며, 인자가 사람들의 손에 넘어가고, 사람들이 그를 죽이고, 그가 죽임을 당하고 나서, 사흘 후에 살아날 것이라고 그들에게 말씀하고 계셨기 때문이다. 32 그러나 제자들은 그 말씀을 깨닫지 못하였고, 예수께 묻기조차 두려워하였다.

예수님은 앞으로 일어날 자신의 죽음과 부활에 대해 제자들이 꼭 알기를 바라며 두 번씩이나 이야기했는데, 제자들은 왜 깨닫지 못했던 건가요? 예수님께서는 그 말씀의 의미를 가르치셨지만, 제자들은 깨닫지 못했습니다. 본문은 그 이유를 제시하지 않지만, 여기서 제자들의 무지는 모종의 두려움과 결합됩니다. 평소 같으면 잘 모르는 것에 대해 거침없이 질문을 던졌을 텐데, 이 주제에 대해서는 '묻기조차' 두려워합니다. 무지의 배후에는 보다 근본적인 불편함 혹은 저항이 자리하고 있음을 암시합니다. 예수님께서 죽음과 부활을 처음으로 예고하셨을 때 베드로의 반응이 이를 잘 보여줍니다(8:31-38). 십자가의 길은 제자들도 달갑지 않았고, 이는 불편함과 무지로 이어집니다. 그러니까 그들은 "더 이해하려고 묻기조차 두려워할 만큼 충분히 이해하고 있는" 것이지요.

누가 크냐 (마 18:1-5; 눅 9:46-48)

33 ○ 그들은 가버나움으로 갔다. 예수께서 집 안에 계실 때에, 제자들에게 물으셨다. "너희가 길에서 무슨 일로 다투었느냐?" 34 제자들은 잠잠하였다. 그들은 길에서, 누가 가장 큰 사람이냐 하는 것으로 서로 다투었던 것이다. 35 예수께서 앉으신 다음에, 열두 제자를 불러놓고, 그들에게 말씀하셨다. "누구든지 첫째가 되고자 하면, 그는 모든 사람의 꼴찌가 되어서 모든 사람을 섬겨야 한다." 36 그리고 어린이 하나를 데려다가 그들 가운데 세우신 다음에, 그를 껴안아주시고 그들에게 말씀하셨다. 37 "누구든지 내 이름으로 이런 어린이들 가운데 하나를 영접하면, 그는 나를 영접하는 것이요, 누구든지 나를 영접하는 사람은, 나를 영접하는 것보다, 나를 보내신 분을 영접하는 것이다."

영접한다는 것은 무슨 말이며, 어린이를 영접하는 것이 어째서 예수님을 영접하는 게 되나요? 단어 자체는 '받는다' 혹은 '받아들인다'는 뜻입니다. 사람을 두고 사용할 때는 누군가를 의도된 관계 속으로 받아들인다는 뜻입니다. 예수님을 '영접한다'는 것은 그분을 나의 구원자요 주님으로 받아들이고, 주님과 제자의 관계 속으로 들어간다는 뜻입니다. 예수님과의 관계는 그분의 뜻에 대한 존중을 포함합니다. 여기서 '어린이'는 어떤 성격적 특성이 아니라 사회적으로 가장 취약한 계층을 의미합니다. 높아지기 위해 경쟁하는 사회에서 가장 낮은 자를 존중하며 살아가라는 말씀. 이러한 실천을 통해 "역시 갑(甲)이 갑(甲)"이라는 세상의 가치관에 도전하라는 말씀입니다. 이것이 섬기는 자로 오신 예수님을 영접하는 것이며, 그분의 뒤를 따르는 길입니다.

우리를 반대하지 않는 사람은
우리를 지지하는 사람이다(눅 9:49-50)

38 ○ 요한이 예수께 말하였다. "선생님, 어떤 사람이 선생님의 이름으로 귀신들을 쫓아내는 것을 우리가 보았습니다. 그런데 그 사람은 우리를 따르는 사람이 아니므로, 우리는 그가 그런 일을 하지 못하게 막았습니다." 39 그러나 예수께서는 이렇게 말씀하셨다. "막지 말아라. 내 이름으로 기적을 행하고 나서 쉬이 나를 욕할 사람은 아무도 없기 때문이다. 40 우리를 반대하지 않는 사람은 우리를 지지하는 사람이다. 41 내가 진정으로 너희에게 말한다. 너희가 그리스도의 사람이라고 해서 너희에게 물 한 잔이라도 주는 사람은, 절대로 자기가 받을 상을 잃지 않을 것이다."

죄의 유혹(마 18:6-9; 눅 17:1-2)

42 ○ "또 나를 믿는 이 작은 사람들 가운데서 하나라도 죄짓

죄를 짓기보다 차라리 육체의 일부를 없애는 쪽을 권유하는 이야기(42-47절)가 실벌하게 다가옵니다. 정말 그래야 하나요? 예수님께서 자주 사용하시는 일종의 과장법입니다. 핵심은 죄의 원인을 확실하게 제거하라는 것입니다. 예수님께서는 죄의 가시적 도구인 손, 발, 눈 등을 자르고 빼는 과격한 이미지를 통해 원인 제거의 필요성을 강력하게 전달하십니다. 물론 손발과 눈은 죄를 실행하는 행동 대장일 뿐, 실제 죄의 원인은 다릅니다. 진짜 손발을 자르라는 말씀이 아니라, 죄의 원인을 철저히 제거해 죄를 끊으라는 말씀입니다. 저 유명한 김유신과 말의 이야기를 생각해보면 쉽습니다. 사실은 말이 아니라 술버릇이 문제인데, 자신의 술버릇에 길들여진 말을 죽여 잘못된 습관을 완전히 끊어내려 했던 김유신과 비슷합니다. 그 자체가 죄를 끊는 행동은 아니지만, 그 결단을 확인하는 상징적 몸짓입니다.

게 하는 사람은, 차라리 그 목에 큰 맷돌을 달고 바다에 빠지는 편이 낫다. 43 네 손이 너를 죄짓게 하거든, 그것을 찍어버려라. 네가 두 손을 가지고 지옥에, 곧 그 꺼지지 않는 불 속에 들어가는 것보다, 차라리 한 손을 잃은 채로 생명에 들어가는 것이 낫다. 44 (없음) 45 네 발이 너를 죄짓게 하거든, 그것을 찍어버려라. 네가 두 발을 가지고 지옥에 들어가는 것보다, 차라리 한 발은 잃었으나 생명에 들어가는 것이 낫다. 46 (없음) 47 또 네 눈이 너를 죄짓게 하거든, 그것을 빼어버려라. 네가 두 눈을 가지고 지옥에 들어가는 것보다, 차라리 한 눈으로 하나님의 나라에 들어가는 것이 낫다. 48 지옥에서는 '그들을 파먹는 구더기들도 죽지 않고, 불도 꺼지지 않는다.' 49 모든 사람이 다 소금에 절이듯 불에 절여질 것이다. 50 소금은 좋은 것이다. 그러나 소금이 짠맛을 잃으면, 너희는 무엇으로 그것을 짜게 하겠느냐? 너희는 너희 가운데 소금을 쳐두어서, 서로 화목하게 지내어라."

44절과 46절은 '(없음)'이라고 표기하고 있습니다. 없으면 그냥 빼고 번호를 붙일 법한데, 굳이 이렇게 표기하는 이유는 무엇인가요? 신약성경의 친필 원고는 사라지고, 대신 손으로 베낀 필사본(筆寫本)만 여럿 남아 있습니다. 이러한 사본들에는 다른 부분이 많아서 정밀한 비교와 검증 과정을 거쳐 원문을 '복원'해야 합니다. 그런데 19~20세기에 중요한 사본들이 많이 발견되었고, 이를 바탕으로 치밀하게 연구한 결과 교회가 오랫동안 읽었던 성경 속의 여러 구절이 초기의 사본들에는 없다는 사실이 확인되었습니다. 그래서 그 구절을 뺐습니다. 하지만 이미 정해진 장절 구분을 고칠 수는 없는 노릇이라 해당 절 번호를 비워두고 대신 '없음'이라 적었습니다. 하나님의 완전함은 말씀에 담긴 진리에서 드러나는 것이지, 어떤 '마술적' 전승 과정에서 생겨나는 것은 아닙니다.

제10장

이혼을 비판하시다(마 19:1-12)

1 예수께서 거기에서 떠나 유대 지방으로 가셨다가, 요단강 건
너편으로 가셨다. 무리가 다시 예수께로 모여드니, 그는 늘 하
시는 대로, 다시 그들을 가르치셨다.

2 ○ 바리새파 사람들이 다가와서, 예수를 시험하여 물었다.
"남편이 아내를 버려도 됩니까?" 3 예수께서 그들에게 대답하
셨다. "모세가 너희에게 어떻게 하라고 명령하였느냐?" 4 그
들이 말하였다. "이혼증서를 써주고 아내를 버리는 것을 모
세는 허락하였습니다." 5 그러나 예수께서는 그들에게 말씀
하셨다. "모세는 너희의 완악한 마음 때문에, 이 계명을 써서
너희에게 준 것이다. 6 그러나 하나님께서는 창조 때로부터
'사람을 남자와 여자로 만드셨다.' 7 '그러므로 남자는 부모를
떠나서, [자기 아내와 합하여] 8 둘이 한 몸이 된다.' 따라서,
그들은 이제 둘이 아니라, 한 몸이다. 9 그러므로 하나님이
짝지어주신 것을, 사람이 갈라놓아서는 안 된다." 10 집에 들

이혼에 대한 예수님의 입장은 오늘 이 시대에도 동일하게 적용할 수 있는 것인가요?
기본적으로는 그렇지만, 기계적으로 적용하는 것은 무리가 될 수 있습니다. 마태복
음서는 외도의 경우 이혼을 허용합니다. 또 바울은 결혼 자체에 대해 유보적인 입
장을 취했지만, 부부에게는 서로 충실할 것을 권유합니다. 그러나 믿지 않는 배우
자가 원하면 이혼해도 좋다고 이야기합니다. 현실적인 상황을 많이 고려한 결과입
니다. 폭력의 형태가 다양하듯이, 결혼 관계를 파괴하는 상황 또한 다양한 형태로
존재합니다. 따라서 헌신의 중요성에 대한 강조와 더불어, 부부 사이에 관계 유지
가 불가능한 상황을 냉철하게 인식하는 것도 중요해 보입니다.

어갔을 때에, 제자들이 이 말씀을 두고 물었다. 11 예수께서 그들에게 말씀하셨다. "누구든지 아내를 버리고 다른 여자에게 장가드는 남자는, 아내에게 간음을 범하는 것이요, 12 또 아내가 남편을 버리고 다른 남자와 결혼하면, 그 여자는 간음하는 것이다."

어린이들을 축복하시다 (마 19:13-15; 눅 18:15-17)

13 ○ 사람들이, 어린이들을 예수께 데리고 와서, 쓰다듬어 주시기를 바랐다. 그런데 제자들이 그들을 꾸짖었다. 14 그러나 예수께서는 이것을 보시고 노하셔서, 제자들에게 말씀하셨다. "어린이들이 내게 오는 것을 허락하고, 막지 말아라. 하나님 나라는 이런 사람들의 것이다. 15 내가 진정으로 너희에게 말한다. 누구든지 어린이와 같이 하나님 나라를 받아들이지 않는 사람은 거기에 들어가지 못할 것이다." 16 그리고 예수께서는 어린이들을 껴안으시고, 그들에게 손을 얹어서 축복하여주셨다.

예수님이 말씀하신 하나님 나라(14절)는 구체적으로 어떤 나라인가요? 하나님 나라는 당시 청중들에게 매우 익숙한 개념이었습니다. 그래서 본문에는 자세한 설명이 나오지 않습니다. 기본적으로는 미래에 들어갈 것으로 기대되는, 하나님의 통치가 온전하게 구현된 나라입니다. 하나님 나라가 이미 부분적으로 이루어졌다고 보는 경우가 많지만, 예수님의 설교와 활동 자체는 대부분 미래의 하나님 나라를 전제로 하고 있습니다. 예수님의 주 관심은 하나님 나라 자체를 설명하는 것이 아니라, 어떻게 하면 하나님 나라에 들어갈 수 있는지 가르치고 그런 삶을 살도록 도전하는 것이었습니다. 즉 하나님 아버지의 뜻을 진지하게 받들고 여기에 순종하며 살아가는 삶입니다.

부자 젊은이(마 19:16-30; 눅 18:18-30)

17 ○ 예수께서 길을 떠나시는데, 한 사람이 달려와서, 그 앞에 무릎을 꿇고 그에게 물었다. "선하신 선생님, 내가 영원한 생명을 얻으려면, 무엇을 해야 합니까?" 18 예수께서 그에게 말씀하셨다. "어찌하여 너는 나를 선하다고 하느냐? 하나님한 분밖에는 선한 분이 없다. 19 너는 계명을 알고 있을 것이다. '살인하지 말아라, 간음하지 말아라, 도둑질하지 말아라, 거짓으로 증언하지 말아라, 속여서 빼앗지 말아라, 네 부모를 공경하여라' 하지 않았느냐?" 20 그가 예수께 말하였다. "선생님, 나는 이 모든 것을 어려서부터 다 지켰습니다." 21 예수께서 그를 눈여겨보시고, 사랑스럽게 여기셨다. 그리고 그에게 말씀하셨다. "너에게는 한 가지 부족한 것이 있다. 가서, 네가 가진 것을 다 팔아서, 가난한 사람들에게 주어라. 그리하면, 네가 하늘에서 보화를 차지하게 될 것이다. 그리고, 와서, 나를 따라라." 22 그러나 그는 이 말씀 때문에, 울상을 짓고, 근심하면서 떠나갔다. 그에게는 재산이 많았기 때문이다. 23 ○ 예수께서 둘러보시고, 제자들에게 말씀하셨다. "재산

"영원한 생명을 얻으려면"(17절)이라는 말은 어떤 뜻인가요? 죽지 않고 영원히 산다는 의미인가요? '죽지 않고'가 아니라, 죽음 이후 새롭게 누릴 영원한 삶을 가리킵니다. 이것은 우리 몸이 부활할 것이라는 믿음을 전제로 합니다. 인간의 삶은 죽음으로 끝난다는 점에서 인간은 '죽을 수밖에 없는' 존재, 망가지고 부패하는 유한한 존재입니다. 구원은 이 죽음의 지배로부터 벗어나 참 생명을 누리는 것입니다. 더 이상 죽지 않기에 '영원한 생명'이지만, 여기서 더 중요한 건 시간적 영원성이 아니라 생명의 창조자이신 하나님의 영광을 누리며 살아가는 것입니다. 기독교는 이 영생이 예수님의 십자가와 부활을 통해 가능해졌다고 믿습니다.

을 가진 사람은, 하나님의 나라에 들어가기가 참으로 어렵다." 24 제자들은 그의 말씀에 놀랐다. 예수께서 다시 그들에게 말씀하셨다. "이 사람들아, 하나님의 나라에 들어가기는 참으로 어렵다. 25 부자가 하나님의 나라에 들어가는 것보다 낙타가 바늘귀로 지나가는 것이 더 쉽다." 26 제자들은 더욱 놀라서 "그렇다면, 누가 구원을 받을 수 있겠는가?" 하고 서로 말하였다. 27 예수께서 그들을 눈여겨보시고, 말씀하셨다. "사람에게는 불가능하나, 하나님께는 그렇지 않다. 하나님께는 모든 일이 가능하다." 28 베드로가 예수께 말씀드렸다. "보십시오, 우리는 모든 것을 버리고 선생님을 따라왔습니다." 29 예수께서 말씀하셨다. "내가 진정으로 너희에게 말한다. 나를 위하여, 또 복음을 위하여, 집이나 형제나 자매나 어머니나 아버지나 자녀나 논밭을 버린 사람은, 30 지금 이 세상에서는 박해도 받겠지만 집과 형제와 자매와 어머니와 자녀와 논밭을 백 배나 받을 것이고, 오는 세상에서는 영원한 생명을 받을 것이다. 31 그러나 첫째가 꼴찌가 되고 꼴찌가 첫째가 되는 사람이 많을 것이다."

예수님이 "하늘에서 보화를 차지하게 될 것"(21절)이라고 하셨는데요. 여기서 하늘이라는 것은 무슨 의미인가요? 하늘에서도 보화처럼 좋은 것이 따로 있는 건가요?
여기서 하늘은 하나님께서 계시는 자리를 말하는 우회적 표현입니다. 하나님 나라와 같은 의미입니다. "보화를 차지한다"는 것은 지상적 표현입니다. 하나님 나라에서도 그런 물질적 소유가 삶의 기쁨과 자랑이 된다는 말이 아니라, 말하자면 '이 땅에서 보화를 차지하는 것'과 비견될 만한 그런 큰 기쁨을 누릴 것이라는 말입니다. 이 땅에서 재산을 나누는 행위가 하늘에 보물을 쌓아두는 것으로 묘사되기도 합니다. 하나님 나라는 외적 소유가 아니라 하나님과 함께하며 그분의 영광에 참여하는 삶이 최고의 가치가 되는 그런 나라입니다.

죽음과 부활을
세 번째로 예고하시다(마 20:17-19; 눅 18:31-34)

32 ○ 그들은 예루살렘으로 올라가고 있었다. 예수께서 앞장
서서 가시는데, 제자들은 놀랐으며, 뒤따라가는 사람들은 두
려워하였다. 예수께서 다시 열두 제자를 곁에 불러놓으시고,
앞으로 자기에게 닥칠 일들을 그들에게 일러주시기 시작하셨
다. 33 "보아라, 우리는 예루살렘으로 올라가고 있다. 인자가
대제사장들과 율법학자들에게 넘겨갈 것이다. 그들은 인자에
게 사형을 선고하고, 이방 사람들에게 넘겨줄 것이다. 34 그리
고 이방 사람들은 인자를 조롱하고 침 뱉고 채찍질하고 죽일
것이다. 그러나 그는 사흘 후에 살아날 것이다."

야고보와 요한의 요구(마 20:20-28)

35 ○ 세베대의 아들들인 야고보와 요한이 예수께 다가와서
말하였다. "선생님, 우리가 요구하는 것은, 무엇이든지 해주

제자들에게 하신 말씀과 제자들의 반응을 보면 하나님 나라에 들어가는 것과 구원
을 받는 것은 동일한 것처럼 나와 있는데요. 그것은 같은 것인가요? 이 이야기에
서처럼, 하나님 나라에 들어간다는 말은 구원을 얻는다는 말이나 영원한 생명을 얻
거나 상속한다는 말(30절)과 사실상 같은 의미로 사용됩니다. 상황에 따라 적절한
이미지를 활용하지만, (하나님의 진노로부터) 구원(=건짐)을 받는다, 하나님 나라에
서 그 영광에 참여한다, 죽음이 없는 하나님의 참 생명을 누린다 등의 표현은 모두
같은 말입니다. 예수님께서는 이 나라가 올바른 삶을 요구한다는 사실을 강조하십
니다. 특히 '부자'에게는 그가 의지하는 재산을 가난한 사람들에게 나눠주고 하나님
을 의지하며 자신을 따르라고 요구하십니다(21절).

시기 바랍니다." 36 예수께서 그들에게 말씀하셨다. "너희는 내가 너희에게 무엇을 해주기를 바라느냐?" 37 그들이 그에게 대답하였다. "선생님께서 영광을 받으실 때에, 하나는 선생님의 오른쪽에, 하나는 선생님의 왼쪽에 앉게 하여주십시오." 38 예수께서 그들에게 말씀하셨다. "너희는, 너희가 구하는 것이 무엇인지를 모르고 있다. 내가 마시는 잔을 너희가 마실 수 있고, 내가 받는 세례를 너희가 받을 수 있느냐?" 39 그들이 그에게 말하였다. "할 수 있습니다." 예수께서 그들에게 말씀하셨다. "내가 마시는 잔을 너희가 마시고, 내가 받는 세례를 너희가 받을 것이다. 40 그러나 내 오른쪽과 내 왼쪽에 앉는 그 일은, 내가 허락할 수 있는 일이 아니다. 정해놓으신 사람들에게 돌아갈 것이다."

41 ○ 그런데 열 제자가 이것을 듣고, 야고보와 요한에게 분개하였다. 42 그래서 예수께서는 그들을 곁에 불러놓고, 그들에게 말씀하셨다. "너희가 아는 대로, 이방 사람들을 다스린다고 자처하는 사람들은, 백성들을 마구 내리누르고, 고관들은 백성들에게 세도를 부린다. 43 그러나 너희끼리는 그렇게 해서는 안 된다. 너희 가운데서 누구든지 위대하게 되고자 하는 사

예수님은 자신에게 닥칠 일들(32-34절)을 언제부터 알고 계셨나요? 복음서 자체가 예수님의 사후 만들어진 일종의 회고록이므로, 이런 물음에 답을 찾는 일은 어렵습니다. 마가복음서에는 8장의 메시아 고백과 더불어 고난에 대한 명시적인 예고가 나타나고, 그 후 몇 차례 이런 예고가 반복됩니다. 물론 훨씬 이전부터 자신의 운명에 대해 깨닫고 인지하셨을 테지만, 복음서는 이러한 의식의 발생 과정을 추적하지는 않습니다. 고난당하는 메시아라는 개념은 당시 유대인들로서는 받아들이기 어려웠고, 심지어 제자들조차 이를 제대로 이해하지 못했습니다. 사람들을 구원하는 일이 사람들의 표면적 기대와 어긋나는 역설적 이야기입니다.

람은 너희를 섬기는 사람이 되어야 하고, 44 너희 가운데서 누구든지 으뜸이 되고자 하는 사람은 모든 사람의 종이 되어야 한다. 45 인자는 섬김을 받으러 온 것이 아니라 섬기러 왔으며, 많은 사람을 구원하기 위하여 치를 몸값으로 자기 목숨을 내주러 왔다."

눈먼 바디매오가 고침을 받다(마 20:29-34; 눅 18:35-43)

46 ○ 그들은 여리고에 갔다. 예수께서 제자들과 큰 무리와 함께 여리고를 떠나실 때에, 디매오의 아들 바디매오라는 눈먼 거지가 길가에 앉아 있다가 47 나사렛 사람 예수가 지나가신다는 말을 듣고 "다윗의 자손 예수님, 나를 불쌍히 여겨주십시오" 하고 외치며 말하기 시작하였다. 48 그래서 많은 사람이 조용히 하라고 그를 꾸짖었으나, 그는 더욱더 큰 소리로 외쳤다. "다윗의 자손님, 나를 불쌍히 여겨주십시오." 49 예수께서 걸음을 멈추시고, 그를 불러오라고 말씀하셨다. 그리하여 그들은 그 눈먼 사람을 불러서 그에게 말하였다. "용기를 내어 일어나시오. 예수께서 당신을 부르시오." 50 그는 자기의

예수님이 말씀하신 '내가 받는 세례'(38절)는 무엇을 말하는 것인가요? '잔'과 '세례'는 모두 예수님께서 맞게 될 죽음의 운명을 가리킵니다. 자신의 목숨을 많은 사람의 대속물로 내어주어야 하는 운명입니다(45절). 자신이 감당해야 할 몫이라는 점에서 자기에게 주어진 '잔'입니다. 물에 잠김(Immersion)을 의미하는 세례는 옛 존재의 죽음과 새로운 존재의 탄생을 상징합니다. 그런 점에서 십자가 죽음도 하나의 세례입니다. 이후 기독교인들은 세례 이미지에서 예수님의 부활에 대한 암시를 느끼기도 했습니다. 바울은 그리스도 안에서 받는 세례는 바로 예수님의 죽음과 하나가 되는 세례이며, 이를 통해 그분의 부활 생명에 참여하게 된다고 말합니다.

겉옷을 벗어 던지고, 벌떡 일어나서 예수께로 왔다. 51 예수께서 그에게 말씀하셨다. "내가 너에게 무엇을 하여주기를 바라느냐?" 그 눈먼 사람이 예수께 말하였다. "선생님, 내가 다시 볼 수 있게 하여주십시오." 52 예수께서 그에게 말씀하셨다. "가거라. 네 믿음이 너를 구원하였다." 그러자 그 눈먼 사람은 곧 다시 보게 되었다. 그리고 그는 예수가 가시는 길을 따라나섰다.

신체적 불구가 있는 사람을 정상으로 회복시켜주신 예수님은 왜 "믿음이 구원하였다"(52절)라고 말씀하신 것인가요? 몸이 정상으로 돌아온 것도 구원인가요? 앞에서 설명한 것처럼, '구원'이라는 단어는 문맥에 따라 다양한 의미의 '구출'을 가리키는 말로 사용됩니다. 병을 고쳐주는 문맥에서는 자연스럽게 병으로부터의 구출, 곧 치유라는 의미가 될 것입니다. 물론 질병의 치유는 하나님과의 관계 회복, 곧 좀 더 근원적인 의미의 구원을 가리키는 상징적 의미도 내포합니다. 그런 점에서 '나았다'는 표현보다 '구원받았다'는 표현이 더 적절하다 할 수 있습니다. 구체적인 치유를 가리키면서, 동시에 궁극적으로 죄와 죽음으로부터의 구원을 생각하게 하는 효과가 있기 때문입니다.

{ 제11장 }

예루살렘에 입성하시다 _(마 21:1-11; 눅 19:28-40; 요 12:12-19)

1 그들이 예루살렘 가까이에, 곧 올리브산에 있는 벳바게와 베다니 가까이에 이르렀을 때에, 예수께서 제자 둘을 보내시며, 2 그들에게 말씀하셨다. "너희는 맞은편 마을로 가거라. 거기에 들어가서 보면, 아직 아무도 탄 적이 없는 새끼 나귀 한 마리가 매여 있을 것이다. 그것을 풀어서 끌고 오너라. 3 어느 누가 '왜 이러는 거요?' 하고 물으면 '주님께서 쓰시려고 하십니다. 쓰시고 나면, 지체 없이 이리로 돌려보내실 것입니다' 하고 말하여라." 4 그들은 가서, 새끼 나귀가 바깥 길 쪽으로 나 있는 문에 매여 있는 것을 보고, 그것을 풀었다. 5 거기에 서 있는 사람들 가운데 몇 사람이 그들에게 물었다. "새끼 나귀를 풀다니, 무슨 짓이오?" 6 제자들은 예수께서 일러주신 대로 그들에게 말하였다. 그러자 그들은 가만히 있었다. 7 제자들이 그 새끼 나귀를 예수께로 끌고 와서, 자기들의 겉옷을 그 등에 걸쳐놓으니, 예수께서 그 위에 올라타셨다. 8 많은 사람이 자

새끼 나귀를 타고 지나가는 예수님 앞에 겉옷을 펴고 생나무 가지를 꺾어 길에다 깔았던 백성들의 행동(8절)에는 어떤 의미가 담겨 있나요? 기본적으로 존경의 표현이라 할 수 있지만, 구약성경이나 역사적 사례를 보면 정치적 함의가 담긴 행동일 때가 많습니다. 특히 '다윗의 자손'(=왕이 될 분)이라 불렸던 예수님께서 정치적으로 매우 민감한 장소인 예루살렘으로 들어오는 상황임을 고려하면, 사람들이 예수님에게 나름의 정치적 기대를 품었던 것은 분명해 보입니다. 로마의 압제로부터 이스라엘을 건져내고 다윗 왕가를 회복할 새로운 왕에 대한 기대입니다. 이어지는 "호산나"라는 외침의 내용도 바로 그런 '다윗의 왕국'에 대한 기대를 표현합니다.

기들의 겉옷을 길에다 폈으며, 다른 사람들은 들에서 잎 많은 생나무 가지들을 꺾어다가 길에다 깔았다. 9 그리고 앞에 서서 가는 사람들과 뒤따르는 사람들이 외쳤다. "호산나!" "복되시다! 주님의 이름으로 오시는 분!" 10 "복되다! 다가오는 우리 조상 다윗의 나라여!" "더없이 높은 곳에서, 호산나!" 11 예수께서 예루살렘에 이르러 성전에 들어가셨다. 그는 거기서 모든 것을 둘러보신 뒤에, 날이 이미 저물었으므로, 열두 제자와 함께 베다니로 나가셨다.

무화과나무를 저주하시다 (마 21:18-19)

12 ○ 이튿날 그들이 베다니를 떠나갈 때에, 예수께서는 시장하셨다. 13 멀리서 잎이 무성한 무화과나무를 보시고, 혹시 그 나무에 열매가 있을까 하여 가까이 가서 보셨는데, 잎사귀밖에는 아무것도 없었다. 무화과의 철이 아니었기 때문이다. 14 예수께서 그 나무에게 말씀하셨다. "이제부터 영원

무화과나무에 대한 예수님의 저주는 매우 극단적인 것처럼 보입니다. 이 에피소드가 의미하는 바는 무엇인가요? 무화과 철이 아니었다는 언급은 다소 불필요하게 느껴지는 예수님의 이 행동이 상징적이라는 사실을 더 분명하게 드러냅니다. 열매가 없는 무화과나무를 저주한 이야기와 나무가 고사하는 이야기 사이에, 예루살렘 성전에서 벌어진 예수님의 과격한 모습이 삽입되어 있습니다. 소위 '샌드위치 구조'입니다. 이런 배열로 인해 성전에서의 이야기는 자연히 무화과나무에 관한 암울한 이야기의 그늘에 놓입니다. 즉 성전에서의 행동이 성전 정화가 아닌 성전의 종언에 대한 선언처럼 읽힙니다. 물론 나무가 마른 사실에서 출발해 제자들에게 순전한 믿음의 중요성을 가르치기도 합니다.

+호산나 : 히브리어 '호쉬아 나'의 소리를 빌려온 것으로, "우리가 당신께 구하오니 우리를 구원하소서"라는 뜻.

히, 네게서 열매를 따 먹을 사람이 없을 것이다." 제자들이
예수께서 말씀하시는 것을 들었다.

성전을 깨끗하게 하시다 (마 21:12–17; 눅 19:45–48; 요 2:13–22)

15 ○ 그리고 그들은 예루살렘에 들어갔다. 예수께서 성전에
들어가셔서, 성전 뜰에서 팔고 사고 하는 사람들을 내쫓으시
면서 돈을 바꾸어주는 사람들의 상과 비둘기를 파는 사람들의
의자를 둘러엎으시고, 16 성전 뜰을 가로질러 물건을 나르는
것을 금하셨다. 17 예수께서는 가르치시면서, 그들에게 말씀
하셨다. "기록한바 '내 집은 만민이 기도하는 집이라고 불릴 것
이다' 하지 않았느냐? 그런데 너희는 그곳을 '강도들의 소굴'로
만들어버렸다." 18 대제사장들과 율법학자들이 이 말씀을 듣
고서는, 어떻게 예수를 없애버릴까 하고 방도를 찾고 있었다.
그들은 예수를 두려워하고 있었던 것이다. 무리가 다 예수의
가르침에 놀라고 있었기 때문이다. 19 저녁때가 되면, 예수와
제자들은 으레 성 밖으로 나갔다.

성전은 예배드리는 곳 아닌가요? 성스러운 장소인 성전에 왜 비둘기 파는 사람들
이 있었나요? 원래 성전 경내에서의 매매는 모두 성전 제사를 수월하게 하려는 목
적을 갖고 있었습니다. 멀리서 온 순례자가 짐승을 가지고 올 수 없으므로 성전 경
내에서 제물을 마련할 수 있도록 편의를 봐준 것입니다. 비둘기는 소나 양을 바칠
수 없는 가난한 사람들을 위한 제물입니다. 이 역시 개인이 준비하기는 어려웠을
것입니다. 일상에 사용되는 로마 동전을 성전에서 사용할 수 있는 두로 동전으로
바꾸는 환전상도 있었습니다. 애초에 좋은 의도로 마련된 제도지만, 욕심이나 편의
가 지나치게 개입되면 어떻게 변질되는지 쉽게 예상할 수 있는 상황이기도 합니다.

무화과나무가 마르다 (마 21:20–22)

20 ○ 이른 아침에 그들이 지나가다가, 그 무화과나무가 뿌리째 말라버린 것을 보았다. 21 그래서 베드로가 전날 일이 생각나서 예수께 말하였다. "랍비님, 저것 좀 보십시오, 선생님이 저주하신 저 무화과나무가 말라버렸습니다." 22 예수께서는 그들에게 말씀하셨다. "하나님을 믿어라. 23 내가 진정으로 너희에게 말한다. 누구든지 이 산더러 '번쩍 들려서 바다에 빠져라' 하고 말하고, 마음에 의심하지 않고 말한 대로 될 것을 믿으면, 그대로 이루어질 것이다. 24 그러므로 나는 너희에게 말한다. 너희가 기도하면서 구하는 것은 무엇이든지, 이미 그것을 받은 줄로 믿어라. 그리하면, 너희에게 그대로 이루어질 것이다.

25 ○ 너희가 서서 기도할 때에, 어떤 사람과 서로 등진 일이 있으면, 용서하여라. 그래야, 하늘에 계신 너희 아버지께서도 너희의 잘못을 용서해주실 것이다." 26 (없음)

성전에서 하신 예수님의 말씀(15–19절) 가운데 도대체 어떤 부분이 대제사장과 율법학자들에게 예수님을 없애버릴 빌미를 주었나요? 예수님의 말씀은 오래전 선지자 이사야의 말씀과 예레미야가 성전 앞에서 했던 설교를 떠올리게 합니다. 특히 '강도의 소굴' 이야기는 온갖 사회악을 자행하면서 성전에 와서 거룩한 예배를 드리곤 했던 이스라엘의 위선을 폭로하는 예레미야의 표현입니다. 예수님께서는 성전 경내에서의 매매 활동을 두고 성전을 '강도의 소굴'로 만드는 행태라 고발하신 것입니다. 그들이 하나님을 향해 기도하는 집을 권력자들의 탐욕의 공간으로 변질시켰다는 지적입니다. 성전에서의 도발적인 행동과 예수님의 비판적 메시지는 모두 당시 종교 지도자들의 권위와 역할에 대한 정면 도전이었습니다.

예수의 권한을 두고 논란하다(마 21:23-27; 눅 20:1-8)

27 ○ 그들은 다시 예루살렘에 들어갔다. 예수께서 성전 뜰에서 거닐고 계실 때에, 대제사장들과 율법학자들과 장로들이 예수께로 와서 28 물었다. "당신은 무슨 권한으로 이런 일을 합니까? 누가 당신에게 이런 일을 할 수 있는 권한을 주었습니까?" 29 예수께서 그들에게 말씀하셨다. "나도 너희에게 한 가지를 물어보겠으니, 나에게 대답해보아라. 그러면 내가 무슨 권한으로 이런 일을 하는지를 너희에게 말하겠다. 30 요한의 세례가 하늘에서 온 것이냐, 사람에게서 온 것이냐? 내게 대답해보아라." 31 그들은 자기들끼리 의논하며 말하였다. "'하늘에서 왔다'고 말하면 '어찌하여 그를 믿지 않았느냐'고 할 것이다. 32 그렇다고 해서 '사람에게서 왔다'고 대답할 수도 없지 않은가?" 그들은 무리를 무서워하고 있었다. 무리가 모두 요한을 참 예언자로 알고 있었기 때문이었다. 33 그래서 그들이 예수께 대답하였다. "모르겠습니다." 예수께서 그들에게 말씀하셨다. "나도 내가 무슨 권한으로 이런 일을 하는지를 너희에게 말하지 않겠다."

대제사장, 율법학자, 장로들이 예수님의 말과 행동을 사사건건 문제 삼았던 이유는 무엇인가요? 예수님의 행동과 가르침은 단순히 훌륭한 교훈을 넘어 매우 도발적인 자기 주장을 함축하고 있습니다. 성전에서 보여주신 예수님의 대담한 행동이 좋은 예입니다. 그래서 정치와 종교의 지도자들은 예수님의 권위를 추궁하며 그 행보의 정당성을 부정하려 합니다. 시종일관 예수님께서는 정치적 계산에 기반을 둔 그들의 행태와 그 바닥에 깔린 탐욕을 폭로하고 경고하십니다. 게다가 로마 치하의 봉신 권력자들에게 예수님의 대중적 인기는 가장 큰 위협 중 하나였습니다. 그래서 그들은 예수님의 행보를 예의 주시하며 그분을 무너뜨릴 '건수'를 찾는 데 혈안이 되었습니다.

{ 제12장 }

포도원 소작인의 비유(마 21:33-46; 눅 20:9-19)

1 예수께서 그들에게 비유로 말씀하기 시작하셨다. "어떤 사람이 포도원을 일구어서, 울타리를 치고, 포도즙을 짜는 확을 파고, 망대를 세웠다. 그리고 그것을 농부들에게 세로 주고, 멀리 떠났다. 2 때가 되어서, 주인은 농부들에게서 포도원 소출의 얼마를 받으려고 한 종을 농부들에게 보냈다. 3 그런데 그들은 그 종을 잡아서 때리고, 빈손으로 돌려보냈다. 4 주인이 다시 다른 종을 농부들에게 보냈다. 그랬더니 그들은 그 종의 머리를 때리고, 그를 능욕하였다. 5 주인이 또 다른 종을 농부들에게 보냈더니, 그들은 그 종을 죽였다. 그래서 또 다른 종을 많이 보냈는데, 더러는 때리고, 더러는 죽였다. 6 이제 그 주인에게는 단 한 사람, 곧 사랑하는 아들이 남아 있었다. 마지막으로 그 아들을 그들에게 보내며 말하기를 '그들이 내 아들이야 존중하겠지' 하였다. 7 그러나 그 농부들은 서로 말하였다. '이 사람은 상속자다. 그를 죽여버리자. 그러면 유산은

예수님은 왜 그들에게 직접 말씀하지 않고 비유로 말씀하셨나요?(1절) 비유는 양날의 칼입니다. 친숙한 이미지를 활용해 모호한 내용을 밝혀주기도 하고, 직설적인 표현을 피해 에둘러 말함으로써 더 당혹스럽게 하기도 합니다. 혹은 강한 심증을 주면서도 구체적인 물증은 남기지 않는 화법이라는 점에서 가장 날카로운 비판의 무기가 되기도 합니다. 여기서의 비유는 예수님의 반대자들을 주인, 곧 하나님의 종인 예언자들뿐 아니라 하나님의 아들마저 살해한 무리로 규정합니다. 비유적으로 말했지만, 그들은 이 풍자적 이야기에 담긴 현실 정치의 핵심을 바로 간파했습니다. 간접적이지만, 알고 나면 훨씬 더 적나라한 공격이었던 것이죠.

우리의 차지가 될 것이다.' 8 그러면서, 그들은 그를 잡아서 죽이고, 포도원 바깥에다가 내던졌다. 9 그러니, 포도원 주인이 어떻게 하겠느냐? 그는 와서 농부들을 죽이고, 포도원을 다른 사람들에게 줄 것이다. 10 너희는 성경에서 이런 말씀도 읽어 보지 못하였느냐? '집을 짓는 사람이 버린 돌이 집 모퉁이의 머릿돌이 되었다. 11 이것은 주님께서 하신 일이요, 우리 눈에는 놀랍게 보인다.'"

12 ㅇ 그들은 이 비유가 자기들을 겨냥하여 하신 말씀인 줄 알아차리고, 예수를 잡으려고 하였다. 그러나 그들은 무리를 두려워하여, 예수를 그대로 두고 떠나갔다.

황제에게 바치는 세금(마 22:15-22; 눅 20:20-26)

13 ㅇ 그들은 말로 예수를 책잡으려고, 바리새파 사람들과 헤롯 당원 가운데서 몇 사람을 예수께로 보냈다. 14 그들이 와서, 예수께 말하였다. "선생님, 우리는, 선생님이 진실한 분이시고 아무에게도 매이지 않는 분이심을 압니다. 선생님은 사람의 겉모습으로 판단하지 않으시고, 하나님의 길을 참되

바리새파와 헤롯 당원들은 어떤 특성을 가진 사람들이었나요? 원래 이 두 세력은 가까운 사이가 아닙니다. 바리새파는 율법에 열성을 가졌던 일종의 '평신도' 운동이라면, 헤롯 당원들은 로마의 봉신으로 갈릴리 주변 통치를 위임받은 권력자 헤롯 안티파스의 측근들입니다. 서로 추구하는 바가 달랐지만, 종교적 정치적으로 대중에게 나름의 영향력을 행사하던 세력들입니다. 예수님의 급진적 행보, 그리고 그분의 놀라운 대중적 인기는 장로들의 전통을 중시한 바리새파에게나 로마의 눈치를 봐야 하는 권력자에게나 눈엣가시일 수밖에 없었습니다. 본문에서 이들은 공통의 적 예수님을 해치우기 위해 전략적 제휴를 맺은 것입니다.

게 가르치십니다. 그런데, 황제에게 세금을 바치는 것이 옳습니까, 옳지 않습니까? 바쳐야 합니까, 바치지 말아야 합니까?" 15 예수께서 그들의 속임수를 아시고, 그들에게 말씀하셨다. "어찌하여 나를 시험하느냐? 데나리온 한 닢을 가져다가, 나에게 보여보아라." 16 그들이 그것을 가져오니, 예수께서 그들에게 물으셨다. "이 초상은 누구의 것이며, 적힌 글자는 누구의 것이냐?" 그들이 대답하였다. "황제의 것입니다." 17 예수께서 그들에게 말씀하셨다. "황제의 것은 황제에게 돌려주고, 하나님의 것은 하나님께 돌려드려라." 그들은 예수께 경탄하였다.

부활 논쟁(마 22:23-33; 눅 20:27-40)

18 ○ 부활이 없다고 주장하는 사두개파 사람들이 예수께 와서, 물었다. 19 "선생님, 모세가 우리에게 써주기를 '어떤 사람의 형이 자식이 없이, 아내만 남겨두고 죽으면, 그 동생이 그 형수를 맞아들여서, 그의 형에게 대를 이을 자식을 낳아주어야 한다' 하였습니다. 20 형제가 일곱 있었습니다. 그런데, 맏이

로마 시대의 동전

가 아내를 얻었는데, 죽을 때에 자식을 남기지 못하였습니다. 21 그리하여 둘째가 그 형수를 맞아들였는데, 그도 또한 자식을 남기지 못하고 죽고, 셋째도 그러하였습니다. 22 일곱이 모두 자식을 두지 못하였습니다. 맨 마지막으로 그 여자도 죽었습니다. 23 [그들이 살아날] 부활 때에, 그 여자는 그들 가운데 누구의 아내가 되겠습니까? 일곱이 모두 그 여자를 아내로 맞아들였으니 말입니다." 24 예수께서 그들에게 말씀하셨다. "너희는 성경도 모르고, 하나님의 능력도 모르니까, 잘못 생각하는 것이 아니냐? 25 사람이 죽은 사람들 가운데서 살아날 때에는, 장가도 가지 않고 시집도 가지 않고, 하늘에 있는 천사들과 같다. 26 죽은 사람들이 살아나는 일에 관해서는, 모세의 책에 떨기나무 이야기가 나오는 대목에서, 하나님께서 모세에게 어떻게 말씀하셨는지를, 너희는 읽어보지 못하였느냐? 하나님께서는 모세에게 말씀하시기를 '나는 아브라함의 하나님이요, 이삭의 하나님이요, 야곱의 하나님이다' 하시지 않으셨느냐? 27 하나님은 죽은 사람들의 하나님이 아니라, 살아 있는 사람들의 하나님이시다. 너희는 생각을 크게 잘못 하고 있다."

부활이 없다고 믿었던 사두개파(18절)는 어떤 사람들이었나요? 바리새파, 에센파 등과 함께 당시 유대교의 대표적 종파로, 솔로몬 시대 대제사장 '사독'에서 유래한 명칭입니다. 당시 권력을 쥐고 있던 제사장 세력은 상당 부분 사두개파에 속했습니다. 따라서 그들은 성전을 매우 중요하게 여겼습니다. 신학적으로는 보수적이라 모세오경(구약성경의 첫 다섯 책. 창세기, 출애굽기, 레위기, 민수기, 신명기)을 중요시하며, 구전 토라는 받아들이지 않았습니다. 천사나 신의 섭리 등도 이교 사상이라 여겨 배척했습니다. 그들은 부활을 믿지 않았습니다. 아마도 부활이 모세오경에는 나오지 않는 후대의 가르침이라는 사실(단 12:1-2; 사 26:19; 겔 37:1-14 참고), 그리고 종말론적 회복을 바라보는 부활 교리가 당시 사회의 보수 기득권층인 그들의 정치적 생리에 맞지 않는다는 점과 관련이 있는 것 같습니다.

가장 큰 계명(마 22:34-40; 눅 10:25-28)

28 ○ 율법학자들 가운데 한 사람이 다가와서, 그들이 변론하는 것을 들었다. 그는 예수가 그들에게 대답을 잘하시는 것을 보고서, 예수께 물었다. "모든 계명 가운데서 가장 으뜸되는 것은 어느 것입니까?" 29 예수께서 대답하셨다. "첫째는 이것이다. '이스라엘아, 들어라. 우리 하나님이신 주님은 오직 한 분이신 주님이시다. 30 네 마음을 다하고, 네 목숨을 다하고, 네 뜻을 다하고, 네 힘을 다하여, 너의 하나님이신 주님을 사랑하여라.' 31 둘째는 이것이다. '네 이웃을 네 몸같이 사랑하여라.' 이 계명보다 더 큰 계명은 없다." 32 그러자 율법학자가 예수께 말하였다. "선생님, 옳은 말씀입니다. 하나님은 한 분이시요, 그밖에 다른 이는 없다고 하신 그 말씀은 옳습니다. 33 또 마음을 다하고 지혜를 다하고 힘을 다하여 하나님을 사랑하는 것과, 이웃을 자기 몸같이 사랑하는 것이, 모든 번제와 희생제보다 더 낫습니다." 34 예수께서는, 그가 슬기롭게 대답하는 것을 보시고, 그에게 말씀하셨다. "너는 하나님의 나라에서 멀리 있지 않다." 그 뒤에는 감히 예수께 더

'가장 으뜸이 되는 계명'이라는 의미는 가장 중요한 계명이라는 뜻인가요, 아니면 가장 먼저 지켜야 할 계명이라는 뜻인가요? 문자적으로 '첫째' 계명입니다. 바로 이어 이웃 사랑에 관한 '둘째' 계명과 연결되고, 이 둘 모두가 다른 모든 계명보다 더 '큰' 계명으로 소개됩니다(31절). 지혜로운 율법교사 역시 하나님 사랑과 이웃 사랑의 계명을 하나로 합쳐 이것이 그 어떤 제사 행위보다 더 '큰' 순종이라고 말합니다. 하나님을 섬기는 것은 마땅히 해야 할 일이고, 모든 율법 규정의 핵심은 이웃을 향한 사심 없는 사랑입니다. 바울도 이웃 사랑의 계명이 모든 율법을 집약하는 것이라 말합니다. 또 하나의 계명이라기보다는 모든 율법의 기본 정신입니다.

묻는 사람이 없었다.

다윗의 자손과 그리스도(마 22:41-46; 눅 20:41-44)

35 ○ 예수께서 성전에서 가르치실 때에, 이렇게 말씀하셨다.
"어찌하여 율법학자들은, 그리스도가 다윗의 자손이라고 하느
냐? 36 다윗이 성령의 감동을 받아서 친히 이렇게 말하였다.
'주님께서 내 주께 말씀하셨다. 「내가 네 원수를 네 발아래에
굴복시킬 때까지, 너는 내 오른쪽에 앉아 있어라.」 37 다윗
스스로가 그를 주라고 불렀는데, 어떻게 그가 다윗의 자손이
되겠느냐?"
○ 많은 무리가 예수의 말씀을 기쁘게 들었다.

율법학자들을 책망하시다(마 23:1-36; 눅 20:45-47)

38 ○ 예수께서 가르치시면서, 이렇게 말씀하셨다. "율법학자
들을 조심하여라. 그들은 예복을 입고 다니기를 좋아하고, 장

많은 사람들이 예수님의 말씀을 들으러 오거나 기쁘게 들었다(37절)는 것을 보면
예수님에 대해 보통 사람들은 호감을 가지고 있었던 것으로 보입니다. 그런데 왜
대제사장, 율법학자, 장로들은 예수님에 대해 각을 세운 것인가요? 당시 지도자들
에 대한 대중들의 태도는 모호합니다. 종교적, 정치적 권위는 인정하지만 식민지인
으로 느꼈던 불만도 적지 않았습니다. 그런 약자들에게 예수님의 색다른 가르침은
오랫동안 권위에 의해 백성에게 강요되었던 것들의 모순과 종교적, 정치적 권력을
가진 자들의 세속적 이중성을 폭로하는 면이 많았습니다. 백성들의 '즐거운' 열광은
바로 그런 통쾌함과 관련이 있습니다. 하지만 권력을 가진 사람들 편에서 보면 이
야기가 달라집니다. 대중적 영향력을 확보한 세력은 누구나 권력자들에게 잠재적
위협이 되고, 따라서 견제와 감시의 대상일 수밖에 없습니다.

터에서 인사받기를 좋아하고, 39 회당에서는 높은 자리에 앉기를 좋아하고, 잔치에서는 윗자리에 앉기를 좋아한다. 40 그들은 과부들의 가산을 삼키고, 남에게 보이려고 길게 기도한다. 이런 사람들이야말로 더 엄한 심판을 받을 것이다."

과부의 헌금(눅 21:1-4)

41 ○ 예수께서 헌금함 맞은쪽에 앉아서, 무리가 어떻게 헌금함에 돈을 넣는가를 보고 계셨다. 많이 넣는 부자가 여럿 있었다. 42 그런데 가난한 과부 한 사람은 와서, 렙돈 두 닢 곧 한 고드란트를 넣었다. 43 예수께서 제자들을 곁에 불러놓고서, 그들에게 말씀하셨다. "내가 진정으로 너희에게 말한다. 헌금함에 돈을 넣은 사람들 가운데, 이 가난한 과부가 어느 누구보다도 더 많이 넣었다. 44 모두 다 넉넉한 데서 얼마씩을 떼어 넣었지만, 이 과부는 가난한 가운데서 가진 것 모두 곧 자기 생활비 전부를 털어 넣었다."

예수님 당시에도 지금과 같은 헌금함이 있었나요? 그 헌금은 어디에 어떻게 쓰였나요? 당시 성전 경내에는 유대인 여인에게도 허용된 공간이 있었고, 여기에 13개의 헌금함이 놓여 있었습니다. 헌금함은 생긴 모양 때문에 '나팔 상자들'이라 불렸습니다. 여기에 반 세겔의 성전세와 자유로운 헌금을 넣었습니다. 남자들에게는 성전세가 의무였지만, 그 외의 헌금들은 자유롭게 내는 것이었습니다. 흥미롭게도 이 헌금함이 공개된 장소에 놓여 있어서, 헌금 행위는 자신의 경건을 과시하는 좋은 수단이 되기도 했습니다. 헌금은 성전 유지와 다양한 제사에 소요되는 비용, 그리고 제사장들 및 성전에 고용된 일꾼들의 생활비와 급료로 사용되었습니다. 당연히 공평하게 분배되어야 하지만, 당시 기록들은 성전의 부가 일부 특권층에게 쏠렸으며, '가난한 제사장'들이 많았다고 말해줍니다.

{ 제13장 }

성전이 무너질 것을 예언하시다 (마 24:1-2; 눅 21:5-6)

1 예수께서 성전을 떠나가실 때에, 제자들 가운데서 한 사람이 예수께 말하였다. "선생님, 보십시오! 얼마나 굉장한 돌입니까! 얼마나 굉장한 건물들입니까!" 2 예수께서 그에게 말씀하셨다. "너는 이 큰 건물들을 보고 있느냐? 여기에 돌 하나도 돌 위에 남지 않고 다 무너질 것이다."

재난의 징조 (마 24:3-14; 눅 21:7-19)

3 ○ 예수께서 올리브산에서 성전을 마주 보고 앉아계실 때에, 베드로와 야고보와 요한과 안드레가 따로 예수께 물었다. 4 "우리에게 말씀해주십시오. 이런 일이 언제 일어나겠습니까? 또 이런 일들이 이루어지려고 할 때에는, 무슨 징조가 있겠습니까?" 5 예수께서 그들에게 말씀하셨다. "누구에게도

예수님의 예언은 거침없어 보입니다. 왜 그런 무시무시한 예언들을 하셨을까요? 13장의 미래 예언은 '작은 묵시록'으로 불립니다. 우주적 스케일의 재난 예언이 묵시문학의 분위기를 닮았기 때문입니다. 인접 문맥에서 보면, 묵시적 언어를 활용해 예루살렘 성전의 파괴를 예고한 것일 수 있습니다. 우리가 "온 세상이 뒤집어졌다"고 말할 때처럼 말입니다. 물론 24-27절처럼 가까운 미래의 사건보다 세상의 종말과 관련된 느낌이 강한 말씀들도 있습니다. 기본 의도는 제자들을 위한 경고입니다. 제자들이 당할 박해를 미리 예고함으로써 당황하지 않도록 그들의 마음을 준비시키고, 헛된 가르침에 속거나 현실적 압박 때문에 신앙적 자태를 잃지 않도록 미리 경고하신 것입니다.

속지 않도록 조심하여라. 6 많은 사람이 내 이름으로 와서는 '내가 그리스도다' 하면서, 많은 사람을 속일 것이다. 7 또 너희는 여기저기에서 전쟁이 일어난 소식과 전쟁이 일어날 것이라는 소문을 듣게 되어도, 놀라지 말아라. 이런 일이 반드시 일어나야 한다. 그러나 아직 끝은 아니다. 8 민족과 민족이 맞서 일어나고, 나라와 나라가 맞서 일어날 것이며, 지진이 곳곳에서 일어나고, 기근이 들 것이다. 이런 일들은 진통의 시작이다.

9 ○ 너희는 스스로 조심하여라. 사람들이 너희를 법정에 넘겨줄 것이며, 너희가 회당에서 매를 맞을 것이다. 또 너희는 나 때문에 총독들과 임금들 앞에 서게 되고, 그들에게 증언할 것이다. 10 먼저 복음이 모든 민족에게 전파되어야 한다. 11 사람들이 너희를 끌고 가서 넘겨줄 때에, 너희는 무슨 말을 할까 하고 미리 걱정하지 말아라. 무엇이든지 그 시각에 말할 것을 너희에게 지시하여주시는 대로 말하여라. 말하는 이는 너희가 아니라 성령이시다. 12 형제가 형제를 죽음에 넘겨주고, 아버지가 자식을 또한 그렇게 하고, 자식이 부모를 거슬러 일어나서 부모를 죽일 것이다. 13 너희는 내 이름 때문에

"황폐하게 하는 가증스러운 물건이 서지 못할 곳에 선 것"(14절)이라는 말은 무슨 뜻인가요? 이러한 표현 자체는 구약성경의 다니엘서에서 나왔습니다(단 9:27; 11:31; 12:11; 마 24:15 참조). 역사적으로는 주전 167년 안티오쿠스 4세(에피파네스)가 예루살렘 성전에 이교 제단을 세우고 이스라엘의 신앙을 탄압한 이야기가 바탕에 깔려 있습니다(외경 마카비서 1:54–61). 청중들에게 익숙한 이야기였을 것이므로, 이 언급은 문자 그대로의 예언이라기보다는 대규모의 종교 박해를 가리키는 일종의 숙어적 표현처럼 사용된 것으로 보입니다. "읽는 사람은 깨달아라" 하는 마가복음서 저자의 삽입구 역시 그런 행간의 의미를 의식한 것이라 할 수 있습니다.

모든 사람에게서 미움을 받을 것이다. 그러나 끝까지 견디는 사람은 구원을 받을 것이다."

가장 큰 재난(마 24:15-28; 눅 21:20-24)

14 ○ "'황폐하게 하는 가증스러운 물건이 서지 못할 곳에 선 것'을 보거든, (읽는 사람은 깨달아라) 그때에는 유대에 있는 사람들은 산으로 도망하여라. 15 지붕 위에 있는 사람은, 내려오지도 말고, 제 집 안에서 무엇을 꺼내려고 들어가지도 말아라. 16 들에 있는 사람은 제 겉옷을 가지러 뒤로 돌아서지 말아라. 17 그날에는 아이 밴 여자들과 젖먹이가 딸린 여자들은 불행하다. 18 이 일이 겨울에 일어나지 않도록 기도하여라. 19 그날에 환난이 닥칠 것인데, 그런 환난은 하나님께서 세상을 창조하신 이래로 지금까지 없었고, 앞으로도 없을 것이다. 20 주님께서 그날들을 줄여주지 않으셨다면, 구원받을 사람이 하나도 없을 것이다. 그러나 주님께서는, 주님이 뽑으신 선택받은 사람들을 위하여, 그날들을 줄여주셨다. 21 그때에 누가 너희에게 '보아라, 그리스도가 여기에 있다. 보아라,

"이 일이 겨울에 일어나지 않도록 기도하여라"(18절). 그럼 이 말씀은 기도하면 그 시기가 바뀔 수도 있다는 의미인가요? 이 말씀 역시 문자적으로 기도하라는 명령이라기보다는 상황의 처참함을 강조하는 말씀에 가깝습니다. 조금도 지체하지 않고 바로 대피해도 모자랄 재난을 예고하면서, 비가 많이 와서 대피가 가장 어려운 겨울의 상황을 떠올리게 함으로써 재난의 심각함을 강조하는 화법입니다. 마태복음서에는 멀리 걸어서는 안 되는 안식일까지 함께 언급됩니다(마 24:20). 재난 자체가 피할 수 없는 기정사실이라면, 고통을 최소한으로 만들어달라고 기도할 수 있습니다. 하지만 기도하라는 직설적 명령과 재난을 경고하는 수사적 표현은 다릅니다.

그리스도가 저기에 있다' 하더라도, 믿지 말아라. 22 거짓 그리스도들과 거짓 예언자들이 일어나, 표징들과 기적들을 행하여 보여서, 할 수만 있으면 선택받은 사람들을 홀리려 할 것이다. 23 그러므로 너희는 조심하여라. 내가 이 모든 일을 너희에게 미리 말하여둔다."

인자가 오심(마 24:29-31; 눅 21:25-28)

24 "그러나 그 환난이 지난 뒤에, '그날에는, 해가 어두워지고, 달이 빛을 내지 않고, 25 별들이 하늘에서 떨어지고, 하늘의 세력들이 흔들릴 것이다.' 26 그때에 사람들이, 인자가 큰 권능과 영광에 싸여 구름을 타고 오는 것을 볼 것이다. 27 그때에 그는 천사들을 보내어, 땅끝에서 하늘 끝까지, 사방에서 선택된 사람들을 모을 것이다."

무화과나무에서 배울 교훈(마 24:32-35; 눅 21:29-33)

28 ○ "무화과나무에서 비유를 배워라. 그 가지가 연해지고

'인자'(26절)는 누구를 말하는 것인가요? 복음서 전체를 보면, '사람의 아들' 곧 '인자'는 분명 예수님 자신을 가리킵니다. 자주 3인칭으로 등장하지만, 이는 인자로서 예수님의 독특한 역할을 강조하려는 의도입니다. 특히 고난당하는 역할이나 미래의 재림과 심판 등의 문맥에서 자주 사용되는 경향이 있습니다. '인자'라는 말 자체나 '인자가 … 오는 것'이라는 표현은 구약성경의 다니엘서에 나오는 '인자 같은 이'(단 7:13)에 대한 묘사에서 가져온 것입니다. 따라서 26절의 묘사는 예수님의 재림이 아니라 다니엘서에서 표현된 것처럼 인자가 영광 중에 하나님께 나와 명예를 회복하는 장면을 묘사한 것일 수도 있습니다.

잎이 돋으면, 너희는 여름이 가까이 온 줄을 안다. 29 이와 같이, 너희도 이런 일들이 일어나는 것을 보거든, 인자가 문 앞에 가까이 온 줄을 알아라. 30 내가 진정으로 너희에게 말한다. 이 세대가 끝나기 전에, 이 모든 일이 다 일어날 것이다. 31 하늘과 땅은 없어질지라도, 나의 말은 절대로 없어지지 않을 것이다."

그날과 그때(마 24:36-44)

32 ○ "그러나 그날과 그때는 아무도 모른다. 하늘의 천사들도 모르고, 아들도 모르고, 오직 아버지만 아신다. 33 조심하고, 깨어 있어라. 그때가 언제인지를 너희가 모르기 때문이다. 34 사정은 여행하는 어떤 사람의 경우와 같은데, 그가 집을 떠날 때에, 자기 종들에게 권한을 주어서, 각 사람에게 할 일을 맡기고, 문지기에게는 깨어 있으라고 명령한다. 35 그러므로 깨어 있어라. 집주인이 언제 올는지, 저녁녘일지, 한밤중일지, 닭이 울 무렵일지, 이른 아침녘일지, 너희가 알지 못하기 때문

"이 세대가 끝나기 전에, 이 모든 일이 다 일어날 것"(30절)이라고 하셨는데, 그 세대는 이미 끝났습니다. 그렇다면 예수님이 한 말은 빗나간 건가요? '이 모든 일'을 예루살렘 멸망과 관련된 것(3-20절)으로만 보면 문제는 해결됩니다. 하지만 '이 모든 일'에는 24-27절도 포함됩니다. 이것이 예수님의 재림 예언이라면 이 예언은 실패입니다. 하지만 앞서 말한 것처럼, 재림이 아니라 부활을 통한 인자의 명예 회복 이야기일 수 있습니다. 그리고 '천사'를 보내 사람을 모으는 것은 제자들을 통해 복음이 전해지는 이야기가 됩니다. 이 모든 일은 다 '이 세대가 지나기 전에' 이루어졌습니다. 구약성경의 배경을 충분히 고려한 해석이라는 점, 또 교회가 실패한 예수님의 예언을 기록했을 가능성이 낮다는 점에서 매우 매력적인 해석이라 할 수 있습니다.

이다. 36 주인이 갑자기 와서 너희가 잠자고 있는 것을 보게 되는 일이 없도록 하여라. 37 내가 너희에게 하는 말은 모든 사람에게 하는 말이다. 깨어 있어라."

{ 제14장 }

예수를 죽일 음모(마 26:1–5; 눅 22:1–2; 요 11:45–53)

1 유월절과 무교절 이틀 전이었다. 그런데 대제사장들과 율법 학자들은 '어떻게 속임수를 써서 예수를 붙잡아 죽일까' 하고 궁리하고 있었다. 2 그런데 그들은 "백성이 소동을 일으키면 안 되니, 명절에는 하지 말자" 하고 말하였다.

예수의 머리에 향유를 붓다(마 26:6–13; 요 12:1–8)

3 ○ 예수께서 베다니에서 나병 환자였던 시몬의 집에 머무실 때에, 음식을 잡수시고 계시는데, 한 여자가 매우 값진 순수한 나드 향유 한 옥합을 가지고 와서, 그 옥합을 깨뜨리고, 향유를 예수의 머리에 부었다. 4 그런데 몇몇 사람이 화를 내면서 자기들끼리 말하였다. "어찌하여 향유를 이렇게 허비하는가? 5 이 향유는 삼백 데나리온 이상에 팔아서, 그 돈을 가난한 사

유월절과 무교절은 이스라엘의 중요한 어떤 절기인가요? 유월절과 무교절의 유래 는 이스라엘 백성이 종살이하던 이집트를 탈출한 사건과 관련이 깊습니다. 구약성 경의 출애굽기 12장에서 자세한 내용을 살펴볼 수 있습니다. 모세가 이스라엘 백성 을 이집트에서 데리고 나오기 전날, 하나님께서는 이집트 백성에게 이집트 사람의 장남과 짐승의 맏배를 죽이는 재앙을 내리셨습니다. 이스라엘 백성은 문설주에 양 의 피를 발라서 이 재앙을 피했고, 유월절은 이를 기억하며 기념하는 날입니다. 무 교절은 유월절에 바로 이어지는 절기로, 유월절까지 포함해 무교절이라 불렀습니 다. 유월절에 이스라엘 백성은 양의 고기를 구워 먹고 누룩을 넣지 않은 떡 무교병 을 먹었는데, 무교절은 이를 기념하는 날입니다.

람들에게 줄 수 있었겠다!" 그러고는 그 여자를 나무랐다. 6 그러나 예수께서 말씀하셨다. "가만두어라. 왜 그를 괴롭히느냐? 그는 내게 아름다운 일을 했다. 7 가난한 사람들은 늘 너희와 함께 있으니, 언제든지 너희가 하려고만 하면, 그들을 도울 수 있다. 그러나 나는 언제나 너희와 함께 있는 것이 아니다. 8 이 여자는, 자기가 할 수 있는 일을 하였다. 곧 내 몸에 향유를 부어서, 내 장례를 위하여 할 일을 미리 한 셈이다. 9 내가 진정으로 너희에게 말한다. 온 세상 어디든지, 복음이 전파되는 곳마다, 이 여자가 한 일도 전해져서, 사람들이 이 여자를 기억하게 될 것이다."

유다가 배반하다 (마 26:14-16; 눅 22:3-6)

10 ○ 열두 제자 가운데 하나인 가룟 유다가, 대제사장들에게 예수를 넘겨줄 마음을 품고, 그들을 찾아갔다. 11 그들은 유다의 말을 듣고서 기뻐하여, 그에게 은돈을 주기로 약속하였다. 그래서 유다는 예수를 넘겨줄 적당한 기회를 노리고 있었다.

예수님은 여자가 머리에 향유를 부은 일이 자신의 장례를 예비한 일이라고 했습니다(8절). 이스라엘의 장례에는 실제로 그런 절차가 있나요? 시체에 향유나 향품을 발라 장례를 준비하기는 하지만(16:1), 산 사람에게 그렇게 하는 경우는 없습니다. 여인의 행동은 예수님을 향한 존경과 헌신의 표현이었을 것입니다. 머리에 부었다는 사실은 그분에게 왕이자 메시아로 고백한 것일 수도 있습니다. 하지만 사람들은 남자의 거의 한 해 연봉에 해당하는 삼백 데나리온이라는 돈을 이렇게 낭비하는 모습에 경악했습니다. 반면 예수님께서는 이를 자신의 장례를 미리 준비한 행위로 해석하십니다. 이 사건을 계기로 다시금 자신의 죽음을 예고하신 것입니다. 그리고 여인은 의도치 않게 예수님의 죽음을 예비하는 행동을 하게 되었습니다.

유월절 음식을 나누시다(마 26:17-25; 눅 22:7-14, 21-23; 요 13:21-30)

12 ○ 무교절 첫째 날에, 곧 유월절 양을 잡는 날에, 제자들이 예수께 말하였다. "우리가 가서, 선생님께서 유월절 음식을 드시게 준비하려 하는데, 어디에다 하기를 바라십니까?" 13 예수께서 제자 두 사람을 보내시며 말씀하셨다. "성 안으로 들어가거라. 그러면 물동이를 메고 오는 사람을 만날 것이니, 그를 따라가거라. 14 그리고 그가 들어가는 집으로 가서, 그 집 주인에게 말하기를 '선생님께서 하시는 말씀이, 내가 내 제자들과 함께 유월절 음식을 먹을 내 사랑방이 어디에 있느냐고 하십니다' 하여라. 15 그러면 그는 자리를 깔아서 준비한 큰 다락방을 너희에게 보여줄 것이니, 거기에 우리를 위하여 준비를 하여라." 16 제자들이 떠나서, 성 안으로 들어가서 보니, 예수께서 말씀하신 그대로였다. 그리하여, 그들은 유월절을 준비하였다. 17 저녁때가 되어서, 예수께서는 열두 제자와 함께 가셨다. 18 그들이 자리를 잡고 앉아서 먹고 있을 때에, 예수께서 말씀하셨다. "내가 진정으로 너희에게 말한다. 너희 가운데 한 사람, 곧 나와 함께 먹고 있는 사람이 나를 넘겨줄 것이다."

예수님은 음식 먹을 장소까지 미리 알고 있었고, 그 집주인 또한 그 모든 일을 알고 있었던 것처럼 보입니다(12-16절). 어떻게 알게 된 건가요? 본문에 언급되지 않을 뿐 예수님께서 미리 다 이야기를 해둔 것으로 해석하는 사람도 있지만, 예수님의 선지자적 통찰을 드러내는 이야기로 읽는 것이 더 자연스럽습니다. 집주인 역시 우리가 알지 못하는 방식으로 그 사실을 알게 되었을 것입니다. (일례로 신약성경의 사도행전에는 하나님께서 환상을 통해 신자들에게 말씀하시는 사례가 자주 나옵니다). 이런 이야기들은 십자가에 이르는 일련의 과정이 의도치 않게 마주한 운명의 장난이 아니라, 완전하신 하나님의 뜻에 의지적으로 순종한 결과라는 사실을 강조합니다.

마지막 만찬과 제자들의 발을 씻기시는 그리스도 *The Last Supper and Christ Washing the Feet of his Disciples*, Urs Graf, the Elder, 1503, Swiss

19 그들은 근심에 싸여 "나는 아니지요?" 하고 예수께 말하기 시작하였다. 20 예수께서 그들에게 말씀하셨다. "그는 열둘 가운데 하나로서, 나와 함께 같은 대접에 빵을 적시고 있는 사람이다. 21 인자는 자기에 관하여 성경에 기록되어 있는 대로 떠나가지만, 인자를 넘겨주는 그 사람에게는 화가 있다. 그 사람은 차라리 태어나지 않았더라면 자기에게 좋았을 것이다."

마지막 만찬(마 26:26-30; 눅 22:15-20; 고전 11:23-25)

22 ㅇ 그들이 먹고 있을 때에, 예수께서 빵을 들어서 축복하신 다음에, 떼어서 그들에게 주시고 말씀하셨다. "받아라. 이것은 내 몸이다." 23 또 잔을 들어서 감사를 드리신 다음에, 그들에게 주시니, 그들은 모두 그 잔을 마셨다. 24 그리고 예수께서 말씀하셨다. "이것은 많은 사람을 위하여 흘리는 나의 피, 곧 언약의 피다. 25 내가 진정으로 너희에게 말한다. 이제부터 내가 하나님의 나라에서 새것을 마실 그날까지, 나는 포도나무 열매로 빚은 것을 다시는 마시지 않을 것이다."
26 ㅇ 그들은 찬송을 부르고서, 올리브산으로 갔다.

마지막 만찬에서 나오는 빵을 들고 축복하는 일이나 잔을 들어 마시는 일은 이스라엘 식사에서 일상적인 일인가요, 아니면 그날의 특별한 예식이었나요? 유월절 식사였고, 그래서 분명 누룩이 없는 빵을 먹었을 것입니다. 빵을 집어서 축복 혹은 감사 기도를 드리고, 그것을 떼어 나누어주는 행동은 일상의 식사에서 아버지가 늘 하는 행동에 해당합니다. 다만 유월절 식사에서는 두 번째 잔을 마실 때 출애굽의 의미에 관한 설명이 이어지는데, 예수님과 제자들의 마지막 식사에서는 구원을 위해 내어줄 예수님의 몸과 흘릴 피에 관한 말씀으로 대치됩니다. 마가복음서 본문은 유월절의 신학적 의미, 곧 이스라엘의 구출이라는 더 큰 맥락에 초점을 맞추고 있습니다.

베드로가 부인할 것을

예고하시다(마 26:31-35; 눅 22:31-34; 요 13:36-38)

27 ○ 예수께서 제자들에게 말씀하셨다. "너희가 모두 걸려서 넘어질 것이다. 성경에 기록하기를 '내가 목자를 칠 것이니, 양 떼가 흩어질 것이다' 하였기 때문이다. 28 그러나 내가 살아난 뒤에, 너희보다 먼저 갈릴리로 갈 것이다." 29 베드로가 예수께 말하였다. "모두가 걸려 넘어질지라도, 나는 그렇지 않을 것입니다." 30 예수께서 그에게 말씀하셨다. "내가 진정으로 너에게 말한다. 오늘 밤에 닭이 두 번 울기 전에, 네가 세 번 나를 모른다고 할 것이다." 31 그러나 베드로는 힘주어서 말하였다. "내가 선생님과 함께 죽는 한이 있을지라도, 절대로 선생님을 모른다고 하지 않겠습니다." 나머지 모두도 그렇게 말하였다.

27-28절에서 보는 예수님의 말씀대로라면 제자들의 흩어짐이나 예수님의 부활 이후의 이야기가 모두 예정되어 있던 일이라는 말인가요? 복음서는 성경의 결정적인 사건들을 예수님께서 '예고'하는 것으로 나옵니다. 예수님께서는 자신의 죽음과 부활을 이미 여러 번 예고하셨으며, 이번에는 제자들의 흩어짐이 그 내용에 포함됩니다. 이 예고는 한편으로는 예수님의 예지력에 의해, 다른 한편으로는 성경의 기록에 근거해 가능합니다. 암울한 사건들에 대한 이런 예고들은 당장의 불행이 실상 하나님의 큰 계획 속에 있다는 사실, 그리고 예수님께서 그 계획 속에서 흔들림 없이 순종의 길을 걷고 계심을 말해줍니다. 여기서 제자들의 실패에 대한 예고는 훗날 제자들이 절망적 죄책감의 무게 아래서도 희망을 잃지 않도록 하는 배려이기도 합니다. 인간들이 펼쳐가는 자유의지의 몸짓이 어떻게 하나님의 예정이라는 큰 그림의 일부가 되는지는 정말 신중한 숙고가 필요한 물음입니다.

겟세마네 동산에서 기도하시다 (마 26:36-46; 눅 22:39-46)

32 ○ 그들은 겟세마네라고 하는 곳에 이르렀다. 예수께서 제
자들에게 말씀하시기를 "내가 기도하는 동안에, 너희는 여기
에 앉아 있어라" 하시고, 33 베드로와 야고보와 요한을 데리
고 가셨다. 예수께서는 매우 놀라며 괴로워하기 시작하셨다.
34 그래서 그들에게 말씀하셨다. "내 마음이 근심에 싸여 죽

겟세마네 동산의 그리스도 *Christ at Gethsemane*, Pierre-Imbert Drevet, 1717-1738, French

을 지경이다. 너희는 여기에 머물러서 깨어 있어라." 35 그러고서 조금 나아가서 땅에 엎드려 기도하시기를, 될 수만 있으면 이 시간이 자기에게서 비껴가게 해달라고 하셨다. 36 예수께서는 이렇게 말씀하셨다. "아빠, 아버지, 아버지께서는 모든 일을 하실 수 있으시니, 내게서 이 잔을 거두어주십시오. 그러나 내 뜻대로 하지 마시고, 아버지의 뜻대로 하여주십시오." 37 그런 다음에 돌아와서 보시니, 제자들은 자고 있었다. 그래서 베드로에게 말씀하셨다. "시몬아, 자고 있느냐? 한 시간도 깨어 있을 수 없느냐? 38 너희는 유혹에 빠지지 않도록, 깨어서 기도하여라. 마음은 원하지만, 육신이 약하구나!" 39 예수께서 다시 떠나가서, 같은 말씀으로 기도하시고, 40 다시 와서 보시니, 그들은 자고 있었다. 그들은 졸려서 눈을 뜰 수 없었던 것이다. 그들은 예수께 무슨 말로 대답해야 할지를 몰랐다. 41 예수께서 세 번째 와서, 그들에게 말씀하셨다. "남은 시간을 자고 쉬어라. 그 정도면 넉넉하다. 때가 왔다. 보아라, 인자는 죄인들의 손에 넘어간다. 42 일어나서 가자. 보아라, 나를 넘겨줄 자가 가까이 왔다."

겟세마네에서의 예수님은 너무나 힘들어 보이는데, 제자들은 상황 파악이 전혀 안 되는 모습입니다. 그들은 정말 아무것도 몰랐나요? 예수님께서는 제자들에게 깨어 있으라고 거듭 말씀하셨지만, 제자들은 잠을 이기지 못합니다. 배부른 식사, 늦은 시각, 제자 나름의 긴장감 등의 원인을 생각할 수 있습니다. 본문의 주 관심사는 잠든 이유가 아니라 잠든 제자들과 깨어 고뇌하며 기도하는 예수님의 대조입니다. 예수님께서는 제자들의 무지가 아니라 '육신의 연약함'(38절)을 꾸짖으십니다. 제자들은 절대 주를 버리지 않겠다고 큰소리쳤습니다. 그렇다면 시험을 이기기 위해 깨어 기도해야 하는데, 그들은 잠도 이기지 못하는 약한 존재입니다. 그들은 흩어질 것이며, 십자가를 향한 고난의 길은 결국 예수님께서 홀로 걸어야 하는 길입니다.

예수께서 잡히시다 (마 26:47-56; 눅 22:47-53; 요 18:2-12)

43 ○ 그런데 예수께서 아직 말씀하고 계실 때에, 열두 제자 가운데 하나인 유다가 곧 왔다. 대제사장들과 율법학자들과 장로들이 보낸 무리가 칼과 몽둥이를 들고 그와 함께 왔다.

유다의 입맞춤 *Kiss of Judas*, Ludovico Carracci, Italy

44 그런데, 예수를 넘겨줄 자가 그들에게 신호를 짜주기를 "내가 입을 맞추는 사람이 바로 그 사람이니, 그를 잡아서 단단히 끌고 가시오" 하고 말해놓았다. 45 유다가 와서, 예수께로 곧 다가가서 "랍비님!" 하고 말하고서, 입을 맞추었다. 46 그러자 그들은 예수께 손을 대어 잡았다. 47 그런데 곁에 서 있던 이들 가운데서 어느 한 사람이, 칼을 빼어 대제사장의 종을 내리쳐서, 그 귀를 잘라버렸다. 48 예수께서 그들에게 말씀하셨다. "너희는 강도에게 하듯이, 칼과 몽둥이를 들고 나를 잡으러 나왔느냐? 49 내가 날마다 성전에 너희와 함께 있으면서 가르치고 있었건만 너희는 잡지 않았다. 그러나 이것은 성경 말씀을 이루려는 것이다." 50 제자들은 모두 예수를 버리고 달아났다.

어떤 젊은이가 맨몸으로 달아나다

51 ○ 그런데 어떤 젊은이가 맨몸에 홑이불을 두르고, 예수를 따라가고 있었다. 그들이 그를 잡으려고 하니, 52 그는 홑이불을 버리고, 맨몸으로 달아났다.

어떤 젊은이가 맨몸으로 달아났다(51-52절)는 단 두 절의 기사는 왜 마가복음서에 실린 건가요? 있어도 그만, 없어도 그만인 간단한 이야기 같은데요. 예수님의 체포 장면에서 옷도 제대로 입지 않은 채 도망가는 한 청년의 존재는 흥미롭지만, 더 자세한 내용은 알 도리가 없습니다. 저자가 침묵을 지키는 이상, 이 이야기가 '왜' 마가복음서에 나오는지, 그리고 왜 다른 복음서에서는 볼 수 없는지 알 수 없습니다. 상상은 해볼 수 있습니다. 가령 이 청년이 마치 영화감독 알프레드 히치콕처럼 자신의 작품에 카메오로 모습을 드러낸 저자 자신이라고 생각할 수도 있습니다. 자주 제기되는 추측이지만, 근거는 전혀 없는 주장입니다. 본문 속 그의 모습은 버림받는 예수님을 더욱 강렬하게 그려냅니다. 해변에 떠 있는 신발 한 짝이 파선의 비극을 그려내는 것처럼 말이죠.

의회 앞에 서시다(마 26:57-68; 눅 22:54-55, 63-71; 요 18:13-14, 19-24)

53 ○ 그들은 예수를 대제사장에게로 끌고 갔다. 그러자 대제사장들과 장로들과 율법학자들이 모두 모여들었다. 54 베드로는 멀찍이 떨어져서, 예수를 뒤따라 대제사장의 집 안마당에까지 들어갔다. 그는 하인들과 함께 앉아 불을 쬐고 있었다. 55 대제사장들과 온 의회가 예수를 사형에 처하려고, 그를 고소할 증거를 찾았으나, 찾아내지 못하였다. 56 예수에게 불리하게 거짓으로 증언하는 사람이 많이 있었지만, 그들의 증언은 서로 들어맞지 않았다. 57 더러는 일어나서, 그에게 불리하게, 거짓으로 증언하여 말하기를 58 "우리가 이 사람이 말하는 것을 들었는데 '내가 사람의 손으로 지은 이 성전을 허물고, 손으로 짓지 않은 다른 성전을 사흘 만에 세우겠다' 하였습니다." 59 그러나 그들의 증언도 서로 들어맞지 않았다. 60 그래서 대제사장이 한가운데 일어서서, 예수께 물었다. "이 사람들이 그대에게 불리하게 증언하는데도, 아무 답변도 하지 않소?" 61 그러나 예수께서는 입을 다무시고, 아무 대답도 하지

이스라엘에서는 '하나님을 모독하는 말'(64절)이 사형으로 직결될 수도 있는 큰 죄인가요? 하나님의 백성을 자처하는 이스라엘로서는 사람이 하나님의 위치를 넘보는 신성모독은 절대로 용인될 수 없는 극악한 범죄에 해당합니다. 공회 앞에서 대답하실 때 예수님께서는 자신을 하나님의 아들이라 주장하고, 다니엘서의 '인자 같은 이' 즉 천상적 권위를 지닌 이와 동일시하며, 하나님의 오른쪽에서 하나님의 권위를 위임받은 자로 그립니다(61-62절). 대제사장으로서는 도저히 이런 답변을 받아들일 수 없었을 것입니다. 사실 처음부터 예수님의 행적과 가르침을 보고 따랐던 제자들조차 예수님을 버리고 도망하는 것으로 그려집니다.

않으셨다. 대제사장이 예수께 물었다. "그대는 찬양을 받으실 분의 아들 그리스도요?" 62 예수께서 말씀하셨다. "내가 바로 그이요. 당신들은 인자가 전능하신 분의 오른쪽에 앉아 있는 것과, 하늘의 구름을 타고 오는 것을 보게 될 것이오." 63 대제 사장은 자기 옷을 찢고 말하였다. "이제 우리에게 무슨 증인들이 더 필요하겠소? 64 여러분은 이제 하나님을 모독하는 말을 들었소. 여러분의 생각은 어떠하오?" 그러자 그들은 모두, 예수는 사형을 받아야 마땅하다고 정죄하였다. 65 그들 가운데서 더러는, 달려들어 예수께 침을 뱉고, 얼굴을 가리고 주먹으로 치고 하면서 "알아맞추어 보아라" 하고 놀려대기 시작하였다. 그리고 하인들은 예수를 손바닥으로 쳤다.

베드로가 예수를
모른다고 하다(마 26:69-75; 눅 22:56-62; 요 18:15-18, 25-27)

66 ○ 베드로가 안뜰 아래쪽에 있는데, 대제사장의 하녀 가운데 하나가 와서, 67 베드로가 불을 쬐고 있는 것을 보고, 그를

예수님이 총애했던 제자 베드로가 어떻게 이렇게 강력하게 예수님을 부인할 수 있나요? 베드로는 왜 그랬을까요? 사실 우리는 그리 어렵지 않게 베드로의 행동에 공감할 수 있습니다. 세 번이나 부인하는 것은 너무 심하지 않나 생각할 수 있지만, 우리 자신을 돌아보면 그 정도는 아무것도 아닙니다. 상상 속 위험 앞에서 우리는 쉽게 영웅이 됩니다. 위험하지 않기 때문입니다. 그러나 그 위험이 현실로 구체화되면, 전혀 다른 심리 작용과 행동 패턴이 작동합니다. 신변의 위협뿐 아니라, 눈앞의 이익도 마찬가지입니다. 욕심에 '눈이 머는' 상황, 그래서 평소 같으면 할 수 없는 행동을 주저 없이 하는 경우도 쉽게 발생합니다. 말의 고백이 실천으로 옮겨지는 길까지는 거쳐야 할 가시밭이 참으로 많습니다.

빤히 노려보고서 말하였다. "당신도 저 나사렛 사람 예수와 함께 다닌 사람이지요?" 68 그러나 베드로는 부인하여 말하였다. "네가 무슨 말을 하는지, 나는 알지도 못하고, 깨닫지도 못하겠다." 그리고 그는 바깥뜰로 나갔다. 69 그 하녀가 그를 보고서, 그 곁에 서 있는 사람들에게 다시 말하였다. "이 사람은 그들과 한패입니다." 70 그러나 그는 다시 부인하였다. 조금 뒤에 곁에 서 있는 사람들이 다시 베드로에게 말하였다. "당신이 갈릴리 사람이니까 틀림없이 그들과 한패일 거요." 71 그러나 베드로는 저주하고 맹세하여 말하였다. "나는 당신들이 말하는 그 사람을 알지 못하오." 72 그러자 곧 닭이 두 번째 울었다. 그래서 베드로는 예수께서 자기에게 "닭이 두 번 울기 전에, 네가 나를 세 번 모른다고 할 것이다" 하신 그 말씀이 생각나서, 엎드려서 울었다.

베드로의 부인 *The Denial of Saint Peter*, Hendrick ter Brugghen, 1626-1629, Dutch

{ 제15장 }

빌라도에게 신문을 받으시다(마 27:1-2, 11-14; 눅 23:1-5; 요 18:28-38)

1 새벽에 곧 대제사장들이 장로들과 율법학자들과 더불어 회의를 열었는데 그것은 전체 의회였다. 그들은 예수를 결박하고 끌고 가서, 빌라도에게 넘겨주었다. 2 그래서 빌라도가 예수께 물었다. "당신이 유대인의 왕이오?" 그러자 예수께서 빌라도에게 대답하셨다. "당신이 그렇게 말하였소." 3 대제사장들은 여러 가지로 예수를 고발하였다. 4 빌라도는 다시 예수께 물었다. "당신은 아무 답변도 하지 않소? 사람들이 얼마나 여러 가지로 당신을 고발하는지 보시오." 5 그러나 예수께서는 더 이상 아무 대답도 하지 않으셨다. 그래서 빌라도는 이상하게 여겼다.

사형 선고를 받으시다(마 27:15-26; 눅 23:13-25; 요 18:39-19:16)

6 ○ 그런데 빌라도는 명절 때마다 사람들이 요구하는 죄수 하나를 놓아주곤 하였다. 7 그런데 폭동 때에 살인을 한 폭도

빌라도는 이스라엘 사회에서 어떤 위치에 있던 인물이었나요? 로마가 '왕' 칭호를 주었던 헤롯대왕의 죽음 이후, 팔레스타인은 세 아들에 의해 분할 통치됩니다. 큰 아들 헤롯 아켈라우스(아켈라오)가 유대 지역을 맡았지만 악정을 펼치다가 주후 6년 로마에 의해 폐위당합니다. 그 후부터 로마로부터 파견된 총독 통치가 시작되었습니다. 총독은 로마 권력을 대리하는 최고 권력자였습니다. 빌라도는 다섯 번째 총독으로, 주후 26-37년까지 재임했는데, 갈릴리 학살과 같은 폭압적 통치를 한 것으로 알려져 있습니다. 신약성경의 네 개의 복음서는 예수님의 무죄를 계속 강조했던 빌라도의 모습을 부각시킵니다.

들과 함께 바라바라고 하는 사람이 갇혀 있었다. 8 그래서 무리가 올라가서, 자기들에게 해주던 관례대로 해달라고, 빌라도에게 청하였다. 9 빌라도가 말하였다. "여러분은 내가 그 유대인의 왕을 여러분에게 놓아주기를 바라는 거요?" 10 그는 대제사장들이 예수를 시기하여 넘겨주었음을 알았던 것이다. 11 그러나 대제사장들은 무리를 선동하여, 차라리 바라바를 놓아달라고 청하게 하였다. 12 빌라도는 다시 그들에게 말하였다. "그러면, 당신들은 유대인의 왕이라고 하는 그 사람을 나더러 어떻게 하라는 거요?" 13 그들이 다시 소리를 질렀다. "십자가에 못 박으시오!" 14 빌라도가 그들에게 말하였다. "정말 이 사람이 무슨 나쁜 일을 하였소?" 그들은 더욱 크게 소리를 질렀다. "십자가에 못 박으시오!" 15 그리하여 빌라도는 무리를 만족시켜주려고, 바라바는 놓아주고, 예수는 채찍질한 다음에 십자가에 처형당하게 넘겨주었다.

병사들이 예수를 조롱하다(마 27:27-31; 요 19:2-3)

16 ○ 병사들이 예수를 뜰 안으로 끌고 갔다. 그곳은 총독 공

빌라도는 왜 예수님을 '유대인의 왕'이라고 지칭했나요? 로마가 가장 민감하게 대응한 부분은 로마에 대한 반역입니다. 따라서 빌라도가 진지한 의미에서 예수님을 유대인의 왕으로 인정했을 리는 없습니다. 실제 빌라도의 물음에 대한 예수님의 답변("당신이 그렇게 말하였소")도 모호합니다. 의도와 달리 이해될 가능성을 염두에 두었기 때문일 것입니다. 사안 자체를 유대인들 내부의 갈등으로 간주한 빌라도가 예수님을 '유대인의 왕'이라 부른 것은 일종의 조롱입니다. 그 휘하의 군인들도 예수님을 조롱합니다. 하지만 복음서 저자는 진지한 어조를 유지해 이를 일종의 아이러니로 만듭니다.

관이었다. 그들은 온 부대를 집합시켰다. 17 그런 다음에 그들은 예수께 자색 옷을 입히고, 가시관을 엮어서 머리에 씌운 뒤에, 18 "유대인의 왕 만세!" 하면서, 저마다 인사하였다. 19 또 갈대로 예수의 머리를 치고, 침을 뱉고, 무릎을 꿇어서 그에게 경배하였다. 20 이렇게 예수를 희롱한 다음에, 그들은 자색 옷을 벗기고, 그의 옷을 도로 입혔다. 그런 다음에, 그들은 예수를 십자가에 못 박으려고 끌고 나갔다.

예수께서 십자가에
못 박히시다(마 27:32-44; 눅 23:26-43; 요 19:17-27)

21 ○ 그런데 어떤 사람이 시골에서 오는 길에, 그곳을 지나가고 있었다. 그는 알렉산더와 루포의 아버지로서, 구레네 사람 시몬이었다. 그들은 그에게 강제로 예수의 십자가를 지고 가게 하였다. 22 그들은 예수를 골고다라는 곳으로 데리고 갔다. (골고다는 번역하면 '해골 곳'이다.) 23 그들은 몰약을 탄 포도주를 예수께 드렸다. 그러나 예수께서는 받지 않으셨다. 24 그들은 예수를 십자가에 못 박고, 예수의 옷을 나누어 가졌는데,

예수님의 처형을 바라는 무리들이 많아 보입니다. 그들은 정치적인 이유에서 예수님의 처형을 바랐던 건가요? 당시 유대의 종교와 정치 지도자들에게 예수님과 같은 인물은 위협적 존재였습니다. 신약성경의 네 개의 복음서는 그들의 동기가 예수님에 대한 시기였으며, 빌라도 역시 이를 알고 있었다고 말합니다(10절). 로마 총독 입장에서는 조롱 삼아 예수님을 '유대인의 왕'으로 부를 만큼 무의미한 사건이었지만, 유대 지도자들은 예수님의 주장을 정치적 반역의 구호로 만들어 예수님을 처형하려 합니다. 이처럼 복음서의 문맥 속에서는 유대의 지도자들이 자신들의 입지를 지키기 위해 예수님을 처형하려 한 것으로 그려집니다.

병사들에게 모욕을 당하는 예수 *Jesus Mocked by the Soldiers*, Edouard Manet, 1865, French

제비를 뽑아서, 누가 무엇을 차지할지를 결정하였다. 25 예수를 십자가에 못 박은 때는, 아침 아홉 시였다. 26 그의 죄패에는 '유대인의 왕'이라고 적혀 있었다. 27 그들은 예수와 함께 강도 두 사람을 십자가에 못 박았는데, 하나는 그의 오른쪽에, 하나는 그의 왼쪽에 달았다. 28 (없음) 29 지나가는 사람들이 머리를 흔들면서, 예수를 모욕하며 말하였다. "아하! 성전을 허물고 사흘 만에 짓겠다던 사람아, 30 자기나 구원하여 십자가에서 내려오려무나!" 31 대제사장들도 율법학자들과 함께 그렇게 조롱하면서 말하였다. "그가, 남은 구원하였으나, 자기는 구원하지 못하는구나! 32 이스라엘의 왕 그리스도는 지금 십자가에서 내려와 봐라. 그래서 우리로 하여금 보고 믿게 하여라!" 예수와 함께 십자가에 달린 두 사람도 그를 욕하였다.

예수께서 숨을 거두시다(마 27:45-56; 눅 23:44-49; 요 19:28-30)

33 ○ 낮 열두 시가 되었을 때에, 어둠이 온 땅을 덮어서, 오후 세 시까지 계속되었다. 34 세 시에 예수께서 큰 소리로 부르짖으셨다. "엘로이 엘로이 레마 사박다니?" 그것은 번역하면 "나

예수님의 체포에서 처형까지는 대략 어느 정도의 시일이 소요되었나요? 니산월(요즘으로 치면 3–4월경) 14일인 목요일 저녁에 체포되어 신속하게 대제사장 앞에서 신문을 받은 후(14:53-65), '곧' 그러니까 15일 금요일 새벽에 빌라도의 법정으로 이송됩니다(15:1). 여기서 십자가 처형 판결을 받고 바로 골고다로 끌려가 오전 9시쯤 십자가에 달리고(15:25), 정오 무렵 숨을 거둡니다(15:33-37). 날이 지나면 안식일이 시작되기 때문에 그전에 예수님의 장례까지 서둘러 이루어졌습니다. 그야말로 속전속결인 셈입니다. 이처럼 서두르는 모습 역시 예수님의 처형을 요구했던 유대 지도자들에 대한 의도적 묘사의 일부입니다.

의 하나님, 나의 하나님, 어찌하여 나를 버리셨습니까?" 하는 뜻
이다. 35 거기에 서 있는 사람들 가운데서 몇이, 이 말을 듣고서
말하였다. "보시오, 그가 엘리야를 부르고 있소." 36 어떤 사람
이 달려가서, 해면을 신 포도주에 푹 적셔서 갈대에 꿰어, 그에
게 마시게 하며 말하였다. "어디 엘리야가 와서, 그를 내려주나
두고 봅시다." 37 예수께서는 큰 소리를 지르시고서 숨지셨다.
38 (그때에 성전 휘장이 위에서 아래까지 두 폭으로 찢어졌다.)
39 예수를 마주 보고 서 있는 백부장이, 예수께서 이와 같이 숨
을 거두시는 것을 보고서 말하였다. "참으로 이분은 하나님의
아들이셨다." 40 여자들도 멀찍이서 지켜보고 있었는데, 그들
가운데는 막달라 출신 마리아도 있고 작은 야고보와 요세의 어
머니 마리아도 있고 살로메도 있었다. 41 이들은 예수가 갈릴리
에 계실 때에, 예수를 따라다니며 섬기던 여자들이었다. 그 밖에
도 예수와 함께 예루살렘에 올라온 여자들이 많이 있었다.

예수께서 무덤에 묻히시다(마 27:57-61; 눅 23:50-56; 요 19:38-42)

42 ○ 이미 날이 저물었는데, 그날은 준비일, 곧 안식일 전날이

예수님의 처형은 법적인 절차상 아무 문제가 없었나요? 빌라도 총독에 의한 정식 재
판을 거쳤고, 명목상 '유대인의 왕'을 자처하는 모반죄가 인정된다는 점에서 절차적
하자는 없습니다. 물론 빌라도는 실제 사안이 예수님에 대한 시기라는 사실을 잘 알
고 있었습니다. 또 유대인의 왕이라는 예수님의 주장이 로마가 걱정할 그런 종류가
아니어서 실제로는 무죄라는 사실도 알았습니다. 하지만 그는 자신이 통치하는 지역
의 민심 또한 고려해야 했고, 따라서 그들이 원하는 대로 식민지의 반역 죄인에게 어
울리는 십자가형을 언도합니다. 흥미롭게도 빌라도는 절차를 무시한 처형을 즐겨했
던 사람으로 역사가들에게 알려져 있습니다.

었다. 아리마대 사람인 요셉이 왔다. 43 그는 명망 있는 의회 의원이고, 하나님의 나라를 기다리는 사람인데, 이 사람이 대담하게 빌라도에게 가서, 예수의 시신을 내어달라고 청하였다. 44 빌라도는 예수가 벌써 죽었을까 하고 의아하게 생각하여, 백부장을 불러서, 예수가 죽은 지 오래되었는지를 물어보았다. 45 빌라도는 백부장에게 알아보고 나서, 시신을 요셉에게 내어주었다. 46 요셉은 삼베를 사가지고 와서, 예수의 시신을 내려다가 그 삼베로 싸서, 바위를 깎아서 만든 무덤에 그를 모시고, 무덤 어귀에 돌을 굴려 막아놓았다. 47 막달라 마리아와 요세의 어머니 마리아는, 어디에 예수의 시신이 안장되는지를 지켜보고 있었다.

예수님의 죽음 전후로 예수님을 따르던 제자들은 어디에 있었나요? 이상하게도 그들의 모습이 전혀 보이질 않습니다. 14장 43–50절을 보면 제자들은 예수님과 같이 식사를 했지만, 예수님께서 체포될 때 대부분 도망갑니다. 베드로는 대제사장의 집 안뜰까지 따라가지만, 결국 예수님을 모른다고 부인하는 것으로 끝이 납니다 (14:66–72). 마가복음에는 구체적으로 기록되어 있지 않지만, 아마도 흩어졌던 제자들은 늘 모이던 장소에서 모였던 것으로 보입니다. 그러다가 주일 아침 빈 무덤에 관한 이상한 소식을 듣게 되고, 결국 부활하신 주님을 만납니다. 부활하신 예수님께서 제자들 앞에 나타나신 이 이야기는 다른 복음서에 좀 더 자세하게 기록되어 있습니다.

{ 제16장 }

예수께서 부활하시다(마 28:1-8; 눅 24:1-12; 요 20:1-10)

1 안식일이 지났을 때에, 막달라 마리아와 야고보의 어머니 마리아와 살로메는 가서 예수께 발라드리려고 향료를 샀다. 2 그래서 이레의 첫날 새벽, 해가 막 돋은 때에, 무덤으로 갔다. 3 그들은 "누가 우리를 위하여 그 돌을 무덤 어귀에서 굴려내 주겠는가?" 하고 서로 말하였다. 4 그런데 눈을 들어서 보니, 그 돌덩이는 이미 굴려져 있었다. 그 돌은 엄청나게 컸다. 5 그 여자들은 무덤 안으로 들어가서, 웬 젊은 남자가 흰옷을 입고 오른쪽에 앉아 있는 것을 보고 몹시 놀랐다. 6 그가 여자들에게 말하였다. "놀라지 마시오. 그대들은 십자가에 못 박히신 나사렛 사람 예수를 찾고 있지만, 그는 살아나셨소. 그는 여기에 계시지 않소. 보시오, 그를 안장했던 곳이오. 7 그러니 그대들은 가서, 그의 제자들과 베드로에게 말하기를 그는 그들보다 먼저 갈릴리로 가실 것이니, 그가 그들에게 말씀하신 대로, 그들은 거기에서 그를 볼 것이라고 하시오." 8 그들은 뛰

예수님의 부활 또한 매우 중요한 사건인데, 이 대목의 기술은 조금 허술해 보입니다. 이유가 있을까요? 원래 마가복음 원본은 8절로 끝났을 가능성이 매우 높습니다. 빈 무덤 주변에서 여인들이 두려워하는 모습으로 끝날 뿐, 부활 이야기는 없는 형태입니다. 괄호로 묶인 9-20절 내용을 보면, 부활에 관한 다른 복음서나 사도행전의 기록들을 빌려와 조합한 것이라는 인상을 강하게 풍깁니다. 마가복음을 필사하던 과정에서 마가복음에도 제대로 된 부활 이야기가 있어야 한다는 생각 때문에 추가로 가필했을 가능성이 있습니다. 그러다 보니 이야기 간의 연결도 다소 느슨하고, 전체적으로 허술하다는 인상을 풍깁니다.

쳐나와서, 무덤에서 도망하였다. 그들은 벌벌 떨며 넋을 잃었던 것이다. 그들은 무서워서, 아무에게도 아무 말도 못 하였다.

예수께서 막달라 마리아에게 나타나시다(마 28:9-10; 요 20:11-18)

9 ○ [[예수께서 이레의 첫날 새벽에 살아나신 뒤에, 맨 처음으로 막달라 마리아에게 나타나셨다. 마리아는 예수께서 일곱 귀신을 쫓아내주신 여자이다. 10 마리아는 예수와 함께 지내던 사람들이 슬퍼하며 울고 있는 곳으로 가서, 그들에게 이 소식을 전하였다. 11 그러나 그들은, 예수가 살아계시다는 것과, 마리아가 예수를 목격했다는 말을 듣고서도, 믿지 않았다.

예수께서 두 제자에게 나타나시다(눅 24:13-35)

12 ○ 그 뒤에 그들 가운데 두 사람이 걸어서 시골로 내려가는데, 예수께서는 다른 모습으로 그들에게 나타나셨다. 13 그들은 다른 제자들에게 되돌아가서 알렸으나, 제자들은 그들의 말도 믿지 않았다.

부활한 예수님이 "하늘로 들려 올라가셔서, 하나님의 오른쪽에 앉으셨다"(19절)는 내용은 당시에 많은 사람들이 직접 목격한 것인가요? 예수님께서 승천하셨다는 언급은 있지만 그 모습이 사실적으로 묘사되지는 않습니다. 승천 상황 자체를 묘사하는 사도행전에서도 예수님께서 하늘로 오르시는 과정에서 구름이 그분의 모습을 가리는 것으로 마무리됩니다(행 1:9). 하나님의 오른쪽에 앉으셨다는 진술은 상황에 대한 구체적인 묘사가 아니라 신학적 신념을 표현한 것입니다. 하나님의 우편은 하나님의 전권을 위임받은 예수님의 위상을 표현합니다. 그래서 교회는 예수님을 '주님'(Lord)으로 부르며 경배합니다.

제자들이

선교의 사명을 받다(마 28:16-20; 눅 24:36-49; 요 20:19-23; 행 1:6-8)

14 ○ 그 뒤에 열한 제자가 음식을 먹을 때에, 예수께서는 그들에게 나타나셔서, 그들이 믿음이 없고 마음이 무딘 것을 꾸짖으셨다. 그들이, 자기가 살아난 것을 본 사람들의 말을 믿지 않았기 때문이다. 15 또 예수께서 그들에게 말씀하셨다. "너희는 온 세상에 나가서, 만민에게 복음을 전파하여라. 16 믿고 세례를 받는 사람은 구원을 얻을 것이요, 믿지 않는 사람은 정죄를 받을 것이다. 17 믿는 사람들에게는 이런 표징들이 따를 터인데, 곧 그들은 내 이름으로 귀신을 쫓아내며, 새 방언으로 말하며, 18 손으로 뱀을 집어 들며, 독약을 마실지라도 절대로 해를 입지 않으며, 아픈 사람들에게 손을 얹으면 나을 것이다."

예수의 승천(눅 24:50-53; 행 1:9-11)

19 ○ 주 예수께서 그들에게 말씀하신 뒤에, 하늘로 들려 올라

9절이 시작되는 부분에서 20절 마치는 부분까지는 특별한 기호로 표기되어 있습니다([[…]]). 이 기호의 의미는 무엇인가요? 신약성경의 모든 책은 원본이 사라지고, 이를 복사한 사본들만 남아 있습니다. 그런데 비교적 최근에 발견된, 오래되고 신뢰할 만한 사본들에는 모두 9절 이하가 없습니다. 마가복음 원본의 일부는 아니었다는 뜻이 됩니다. 하지만 오랫동안 교회에 익숙해진 성경의 일부분을 삭제하는 일은 쉽지 않습니다. 그래서 성경에 포함시키되, 대괄호 등으로 따로 표시해줍니다. 원문의 일부는 아닐 가능성이 높다는 의미입니다. 이런 괄호의 또 다른 유명한 사례는 간음한 여인을 용서하시는 요한복음(7:53-8:11)에도 나옵니다.

가서서, 하나님의 오른쪽에 앉으셨다. 20 그들은 나가서, 곳곳에서 복음을 전파하였다. 주님께서 그들과 함께 일하시고, 여러 가지 표징이 따르게 하셔서, 말씀을 확증하여주셨다.]]

마태복음서 마태가 기록한 예수님의 삶과 가르침. 세금 징수원으로 일하다 부름을 받고 제자가 된 마태는 예수님의 중요한 행적과 가르침들을 낱낱이 기록으로 남겼다. 메시아가 나타나 새로운 나라의 임금이 되어 옛 영화를 되찾아주길 간절히 기다리던 유대인들에게 예수님이 곧 그분이라고 소개한다. 메시아가 임금이 되어 다스리는 나라는 어떤 모습일까? 마태의 눈을 통해 함께 들여다보자.

마가복음서 마가가 정리한 예수님의 삶과 가르침. 예수님께서 부활해 하늘로 올라가신 이후에 제자가 된 마가는 직접 그리스도를 따라다녔던 여러 선배들의 증언을 바탕으로 그 활동과 메시지를 정리했다. 예수님은 하나님의 아들이라고 단언하면서 그토록 고귀한 이가 섬기는 종의 모습으로 세상에 왔다고 설명한다. 주로 유대인과 로마인들을 겨냥해 구원의 소식을 전한다.

누가복음서 누가가 적은 예수님의 삶과 가르침. 의사였던 누가는 마치 기자처럼 예수님의 말과 행동을 상세히 기록한다. 인간 예수의 뒤를 따라가며 각종 사건과 발언들을 받아 적었다. 탄생, 어린 시절, 세례, 갖가지 비유와 기적, 죽음과 부활, 승천에 이르기까지 예수님께서 이 땅에 오셨다가 뜻을 이루고 다시 하늘로 올라가신 과정 전체를 이 책 한 권만 가지고도 넉넉히 살필 수 있다.

요한복음서 예수님을 따라다니며 큰 사랑을 받았던 제자 요한이 기록한 복음서. 앞의 책들과 마찬가지로 굵직굵직한 사건들과 중요한 메시지들을 다루지만, 다소 신학적이고 깊이 있는 설명을 덧붙이기도 한다. 예수님은 곧 하나님임을 강조하고, 그러기에 죄를 용서하는 권세가 그분에게 있다고 단언한다. 요한의 안내를 따라가노라면 예수님의 정체, 예수님께서 말씀하신 구원의 속성을 정확히 알 수 있다.

사도행전 부활한 예수님께서는 하늘로 올라가시고 제자들은 덜렁 이 땅에 남았다. 줄곧 예수님을 따라다니며 온갖 기적을 목격하고 그 메시지를 두 귀로 또렷이 들었지만, 막상 스승이 십자가에 달리게 되자 줄행랑을 쳤던 이들이었다. 그런데 어느 순간, 그

오합지졸들이 변해 죽음도 무릅쓰는 용사들이 되었다. 이들에게 무슨 일이 있었던 걸까? 이들은 어떻게 예수님의 메시지를 온 세상에 퍼트렸을까? 교회는 어떻게 태어나고 성장했을까? 사도행전은 그 비밀을 알려준다.

로마서 로마의 그리스도인들에게 보낸 바울의 편지. 구원의 메시지는 사방팔방으로 무섭게 퍼져나갔고 그리스도인의 숫자는 점점 더 불어났지만, 그와 함께 정리해야 할 신학적인 문제도 많아졌다. 뛰어난 전도자이자 신학자였던 바울은 구원이란 무엇이며 무엇으로 구원을 받는지, 하나님의 은혜는 어떤 역할을 하는지, 의로운 생활의 의미와 가치는 무엇인지 명쾌하게 제시한다.

고린도전서 고린도의 그리스도인들에게 보낸 바울의 첫 번째 편지. 고린도는 오늘날 뉴욕에 견줄 만한 대도시로, 살림이 풍요롭고 문화가 방탕하기로 소문이 자자했다. 이런 분위기는 교회 안에도 스며들어 고린도의 그리스도인 공동체는 갖가지 성적인 문제와 분열로 몸살을 앓았다. 바울은 이런 병폐들을 지적하면서 신앙의 본질과 질서를 지키며 은혜와 사랑에 기대어 살기를 촉구한다.

고린도후서 고린도의 그리스도인들에게 보낸 바울의 두 번째 편지. 서신을 보내 꾸짖고 타이르며 격려한 덕에 고린도 교회의 형편은 한결 나아졌다. 하지만 여전히 바울의 지적을 불편하게 여기고 그 권위를 부정하는 지도자들도 있었다. 현지를 살피고 돌아온 제자들에게서 그 사연을 전해 들은 바울은 다시 편지를 보내 그들의 불평에 일일이 답하고, 마땅히 가야 할 길을 제시한다.

갈라디아서 갈라디아 지역의 교회에 보낸 바울의 편지. 일찍이 바울은 갈라디아 지방을 두루 다니며 그리스도의 메시지를 전했고, 수많은 사람들이 이를 받아들여 그리스도인이 되었다. 하지만 얼마 지나지 않아 거짓 선생들이 나타나 모세의 율법을 지키고 예식을 따라야 구원을 얻을 수 있다고 가르치는 바람에 큰 혼란이 일어났다. 정말 그럴까? 바울은 전혀 다른 답을 내놓는다.

에베소서 에베소의 그리스도인 공동체에 보낸 바울의 편지. 같은 복음을 듣고 교회를 이루었지만, 유대인과 이른바 이방인들 사이에는 미묘한 생각의 차이가 존재했다. 바울은 그리스도를 통해 이미 한 몸이 되었으므로 구별은 무의미하며, 교회는 사랑의 원리로 움직여야 한다고 설명한다. 아울러 그리스도인으로 이 세상을 살아갈 힘의 원천이 무엇이며 어떤 무장을 해야 하는지 가르친다.

빌립보서 바울이 유럽에 세운 첫 번째 공동체인 빌립보 교회에 보낸 편지. 옥에 갇힌 바울은 빌립보의 그리스도인들이 보낸 선물을 받고, 감사의 뜻과 아울러 격려를 아끼지 않는다. 그리스도를 본받아 겸손한 마음가짐으로 서로 사랑하고 세워주며 하나님의 의로움을 드러내라고 권하는 한편, 종착점에 이르기까지 달음박질을 멈추지 말라며 기운을 북돋운다.

골로새서 바울이 이단에 시달리고 있는 골로새 교회에 보낸 편지. 골로새의 그리스도인들은 유대교를 비롯한 동방의 다양한 종교들이 뒤섞인 특이한 사상의 영향을 받고 있었다. 바울은 이들에게 예수 그리스도는 어떤 분이며 어떤 일을 하셨는지, 그 안에서 산다는 게 무슨 의미인지, 그 생명을 품은 이로서 어떻게 세상을 살아야 할지 이야기한다.

데살로니가전서 바울이 데살로니가 교회에 보낸 첫 번째 편지. 데살로니가 교회는 세워진 지 얼마 되지 않아 아직 단단히 여물지 않은 상태였다. 밖으로는 심한 박해에 시달리고, 안으로는 재림을 둘러싼 의문이 깊었다. 이를 전해 들은 바울은 한편으론 식구들을 격려하고, 다른 한편으로는 예수님께서 어떤 모습으로 세상에 다시 오실지, 그때 살아 있는 또는 세상을 떠난 그리스도인들은 어떻게 그분과 함께하게 될지 설명한다.

데살로니가후서 바울이 데살로니가 교회에 보낸 두 번째 편지. 첫 번째 편지로는 하고 싶은 말을 다 하지 못했다고 생각했던 걸까? 바울은 다시 서신을 보내 주님이 틀림없이 다시 오셔서 세상을 심판하신다고 강조한다. 아울러 데살로니가의 그리스도인들을 위로하고 용기를 북돋우며, 낙심하지 말고 선한 일을 하라고 권한다.

디모데전서 바울이 '아들'이라고 부를 만큼 아끼고 신뢰하는 제자 디모데에게 보낸 첫 번째 편지. 에베소에서 그리스도인들을 돌보고 있는 디모데에게 바울은 거짓 선생들과 거짓 가르침을 경계하며 기도하고 예배에 힘쓰길 당부한다. 또 한편으로는 여러 교회의 직분을 열거하면서 어떤 자격을 갖춘 인물들이 그 자리를 맡아야 하는지 설명한다.

디모데후서 삶의 마지막 시기를 마주한 바울이 사랑하는 제자 디모데에게 보낸 두 번째 편지. 바울은 디모데를 향한 따뜻한 마음을 솔직하게 표현하면서 어서 와 자신을 만나달라고 부탁한다. 그러면서도 스승다운 면모를 잃지 않은 바울은 타락한 세상을 살더라도 은혜로 굳세져서 고난을 달게 받으며 살림살이에 얽매이지 말고 말씀을 선포하라고 훈계한다.

디도서 바울이 자신을 통해 예수님을 믿고 교회의 지도자가 된 디도에게 보낸 편지. 바울은 크레타 섬에서 활동하고 있는 디도에게 하나님의 말씀에는 거짓이 없음을 강조하고, 어떤 인물들을 리더로 세워야 하는지 설명하면서 선한 말과 행동의 모범이 되길 당부한다.

빌레몬서 바울이 부유한 그리스도인 빌레몬에게 보낸 편지. 희한하게도 달아난 노예 오네시모를 관대하게 처분해달라는 부탁을 담고 있다. 로마법대로라면 마땅히 사형감이지만 자비를 베풀라고 권한다. 노예의 빚을 자신이 갚아주겠다고 약속까지 한다. 목숨으로 갚아야 할 죄를 지은 죄인의 편에 서서 변호하며, 대신 짐을 지겠다는 바울의 모습. 어디서 많이 보던 장면이지 않은가?

히브리서 유대인 그리스도인들에게 예수님이야말로 구약성경이 줄곧 예언해온 바로 그 메시아이며 구원을 이루실 분임을 설명하는 편지. 서신의 형식을 띠고 있지만, 누가 누구에게 보낸 글인지를 두고는 의견이 분분하다. 제사장, 언약, 희생제물, 멜기세덱 등등 유대인들에게 익숙한 개념을 동원해 구원의 진리를 설파하면서, 예수님을 신뢰하며 소망하라고 가르친다.

야고보서 예수님의 동생 야고보가 곳곳에 흩어져 살고 있는 유대인들을 염두에 두고 쓴 편지. 핍박과 시련 속에서 믿음을 가지고 인내하는 삶을 이야기한다. 말, 인간을 대하는 태도, 한결같은 마음가짐, 말씀에 따라 사는 그리스도인의 행동 양식에 관한 가르침이 상당 부분을 차지한다. 믿음과 행위가 구원과 어떻게 연결되는지에 관해서도 관심을 둔다.

베드로전서 예수님의 제자 베드로가 박해를 당하는 그리스도인들에게 보낸 첫 번째 편지. 교회가 막 세워져갈 무렵, 그리스도인이 된다는 건 엄청난 핍박과 시련을 감수해야 하는 모험이었다. 그럼에도 불구하고 예수님의 뒤를 따르기로 작정한 그리스도인들에게 베드로는 뜻밖의 위로와 격려를 전한다. 언젠가 고달픈 세월이 닥치겠지만, 하나님은 어김없이 약속을 지키는 분이므로 그분을 바라보고 불같은 시련을 견디라는 것이다. 심지어 고난을 영광스럽게 여기라고 권한다.

베드로후서 베드로가 같은 뜻으로 예수 그리스도를 따르는 동료 그리스도인들에게 보낸 두 번째 편지. 세상을 떠날 날이 멀지 않았음을 감지한 베드로는 예수의 복음이 얼마나 진실하고 확실한지 다시 한번 강조한다. 아울러 거짓 예언자와 교사들의 속임수에 넘어가지 말고, 반드시 다시 오신다는 그리스도의 약속을 바라보라고 가르친다.

요한1, 2, 3서 예수님의 제자 요한이 거짓 가르침들을 경고하고 대처하기 위해 교회에 보낸 편지들. 요한1서는 하나님을 빛에 빗대면서 그 아들 예수님을 통해서만 빛 가운데 살아갈 수 있음을 분명히 한다. 사랑이야말로 빛의 자녀들의 증표라고 못 박고, 하나님께서 우리를 사랑하신 것처럼 서로 사랑하며 순종으로 그 사랑을 드러내 보이라고 명령한다. 요한2서는 속이려 드는 자들이 세상에 허다함을 지적하고, 그런 자들과는 단호하게 거리를 두라고 요구한다. 요한3서 역시 앞의 편지들과 맥락을 같이하면서 선한 것을 본받으라고 권면한다.

유다서 예수님의 형제 유다가 교회에 보낸 편지. 몰래 스며든 거짓 선생들이 그릇된 가르침을 퍼트리고 있음을 알게 된 유다는 곧바로 강력한 경계경보를 발령한다. 참 진리를 다시 한번 상기시키고 거짓말을 일삼는 교사들을 맹렬히 비난하면서, 믿음을 터로 삼으라고 주문한다.

요한계시록 장차 닥쳐올 세상과 관련한 하나님의 계시. 밧모 섬에서 귀양살이를 하던 사도 요한은 어느 날 엄청난 환상을 보고 그 내용을 고스란히 글로 옮겼다. 사탄과 악이 하나님의 손에 완전히 소멸되고 새 하늘과 새 땅이 열리는 거대한 환상이었다. 창세기에서 시작된 성경의 메시지는 마침내 종결되고, 승리의 노래가 울려 퍼진다. 독특한 상징과 이미지로 숱한 예술작품의 모티브가 된 이 기묘한 책 속으로 조심스럽게 들어가 보자.

BIBLE in Hand 교양인을 위한 성경

너희는 나를 누구라고 하느냐?

신약 | 마가복음서

1쇄 발행일 2020년 4월 9일

펴낸이 최종훈
펴낸곳 봄이다 프로젝트
등록 2017-000003
주소 경기도 양평군 서종면 황순원로 414-58 (우편번호 12504)
전화 02-733-7223
이메일 hoon_bom@naver.com

책임편집 이나경 박준숙
디자인 designGo
표지 이미지 shutterstock
인쇄 SP

ISBN 979-11-963622-6-3
값 7,000원